Márcia Walquiria Batista dos Santos
(organizadora)
e
Maria Tereza Dutra Carrijo

LICITAÇÕES E CONTRATOS: ROTEIRO PRÁTICO

2ª edição, revista
e ampliada

**MALHEIROS
EDITORES**

LICITAÇÕES E CONTRATOS: ROTEIRO PRÁTICO

© Márcia Walquiria Batista dos Santos (organizadora)
e Maria Tereza Dutra Carrijo

1ª edição: 1999.

ISBN 85-7420-317-3

Direitos reservados desta edição por
MALHEIROS EDITORES LTDA.
Rua Paes de Araújo, 29, conjunto 171
CEP 04531-940 — São Paulo — SP
Tel.: (0xx11) 3078-7205 Fax: (0xx11) 3168-5495
URL: www.malheiroseditores.com.br
e-mail: malheiroseditores@zaz.com.br

Composição
PC Editorial Ltda.

Capa
Criação: Vânia Lúcia Amato
Arte: PC Editorial Ltda.

Impresso no Brasil
Printed in Brazil
09-2001

SUMÁRIO

Nota das autoras 5
1. Introdução 7
2. Finalidades e princípios da licitação 9
3. Objeto licitável 12
   3.1 Requisitos para que as obras e serviços possam ser licitados 12
   3.2 Requisitos para que as compras possam ser licitadas 12
4. Licitante. Quem é? 14
5. Exceções ao dever de licitar
   5.1 Licitação dispensada (art. 17)
      5.1.1 Alienação de bens imóveis (inciso I) 15
      5.1.2 Alienação de bens móveis (inciso II) 16
   5.2 Licitação dispensável (art. 24) 16
   5.3 Licitação inexigível (art. 25) 17
6. Vedações
   6.1 Vedação à inexigibilidade (art. 25, II) 19
   6.2 Vedação do superfaturamento na contratação direta (art. 25, § 2º) ... 19
   6.3 Outras vedações previstas na Lei n. 8.666/93 19
7. Modalidades de licitação 21
   7.1 Escolha da modalidade 21
   7.2 A divisão do objeto licitável 22
   7.3 Características das modalidades
      7.3.1 Concorrência 22
      7.3.2 Tomada de preços 23
      7.3.3 Convite 24
      7.3.4 Leilão 25
      7.3.5 Concurso 26
      7.3.6 Pregão 27
8. Procedimento da licitação (arts. 38 e ss.) 29
   8.1 Fase interna 29

8.2 Fase externa 31

9. Generalidades sobre o procedimento
   9.1 Parecer do órgão jurídico 35
   9.2 Principais vícios no edital/convite 35
   9.3 Impugnação do edital (art. 41) 36
   9.4 Comissão de Licitação (art. 51) 36
   9.5 Habilitação dos licitantes 37
   9.6 Diligências 37
   9.7 Licitação Internacional (art. 42) 37
   9.8 Licitação para contratação de bens e serviços de informática
        (art. 45, § 4º) 38
   9.9 Licitação para concessão e permissão de uso de área de propriedade
        da Administração 38
   9.10 Exigência no edital/convite de comprovação de regularidade para
        com o INSS e o FGTS 39
   9.11 Licitação de prestação de serviços 39
   9.12 Competências da autoridade superior 40

10. Contratos 42
    10.1 Requisitos do contrato administrativo 43
    10.2 Prazo dos contratos administrativos (art. 57) 43
    10.3 Prorrogação 44
    10.4 Cláusulas essenciais (necessárias) do contrato 44
    10.5 Formalização dos contratos (arts. 60 a 64) 46
    10.6 Alteração dos contratos (art. 65) 46
    10.7 Extinção dos contratos 47

11. Minutas de instrumentos convocatórios e contratos 48

Bibliografia 107

Anexo (Lei n. 8.666, de 21 de junho de 1993, e alterações posteriores) 109

NOTA DAS AUTORAS

Este livro surgiu da despretensiosa idéia de Maria Tereza, então Procuradora-Chefe da Consultoria Jurídica da Reitoria da Universidade de São Paulo, para que fosse elaborada uma apostila contendo doutrina e minutas de instrumentos convocatórios e contratos, que pudesse ser utilizada no âmbito da Universidade, visando a servir de base para os certames licitatórios realizados nessa entidade.

Oportunamente, Márcia Walquiria ficou encarregada da elaboração e organização do trabalho, que, a princípio, não tinha o vulto que passou a ter. Pensava-se apenas num "Roteiro" de licitação, razão pela qual mantivemos este nome na presente obra, mesmo que na forma de um subtítulo.

Foram necessárias várias revisões e reuniões entre as autoras, entremeadas por mudanças na legislação, ocorridas numa época em que não se tinha segurança quanto às normas traçadas pela União, em razão do chamado "Plano Real".

Não obstante, passado o período inicial de indefinições, Márcia Walquiria pôde retomar o material que tinha em mãos e, pensando em ampliar a apostila, deu-lhe o formato de um livro, que pudesse ser aproveitado por um público maior, envolvido direta ou indiretamente com certames licitatórios, de qualquer órgão ou entidade da Administração Pública.

Assim, espera-se que este volume sirva para guiar as atividades, pelo menos, dos que iniciam nos estudos e na prática da licitação. Aliás, esta era a intenção inicial do "Roteiro" que circularia apenas no âmbito da Universidade de São Paulo.

Por derradeiro, não poderíamos deixar de registrar o trabalho árduo e prestimoso das colegas Dras. DIVA SIQUEIRA MARTINS e EVENI LONGO, que acompanharam de perto a redação do presente estudo, revisando-o e oferecendo sugestões que foram prontamente acatadas na sua versão original, bem como do Dr. Alexandre H. Arakaki que, com eficiência, dedicou-se à revisão das provas.

MÁRCIA WALQUIRIA BATISTA DOS SANTOS
MARIA TEREZA DUTRA CARRIJO

1
INTRODUÇÃO

Para a Administração Pública a obrigação de licitar decorre do que dispõem os arts. 22, XXVII, e 37, XXI, da Constituição Federal de 1988. Licitar é, pois, a regra, e não a exceção.

Além do dever de licitar (nas obras, serviços, compras e alienações – art. 37, XXI), a Constituição traçou para a União a competência para legislar sobre "*normas gerais* de licitação e contratação, em todas as modalidades, para a Administração Pública, direta e indireta, incluídas as fundações instituídas e mantidas pelo Poder Público, nas diversas esferas de governo, e empresas sob seu controle" (art. 22, XXVII).

Desta forma, foi editada a Lei federal n. 8.666/93 (atualmente com as alterações das Leis n. 8.883/94, 9.032/95 e 9.648/98), trazendo em seu teor *normas gerais* sobre licitações e contratos. Tais normas devem ser seguidas por órgãos da Administração direta, fundos especiais, autarquias, fundações públicas, empresas públicas, sociedades de economia mista e demais entidades controladas direta ou indiretamente pela União, Estados, Distrito Federal e Municípios (cf. parágrafo único do art. 1º da Lei n. 8.666/93).

Por licitação entende-se o "procedimento administrativo pelo qual uma pessoa governamental, pretendendo alienar, adquirir ou locar bens, realizar obras ou serviços, outorgar concessões, permissões de obra, serviço ou de uso exclusivo de bem público, segundo condições por elas estipuladas previamente, convoca interessados na apresentação de propostas, a fim de selecionar a que se revele mais conveniente em função de parâmetros antecipadamente estabelecidos e divulgados" (são as palavras de Celso Antônio Bandeira de Mello, *Curso de Direito Administrativo*, 13ª ed., São Paulo, Malheiros Editores, 2001, p. 471).

De forma genérica, pode-se dizer que haverá licitação quando a competição for viável e os objetos (bens, serviços etc.) puderem ser fornecidos por mais de um interessado.

As exceções – casos de licitação dispensada (art. 17), dispensável (art. 24) e inexigível (art. 25) –, além de previstas expressamente na Lei de Licitação, deverão ser justificadas no procedimento licitatório.

Convém lembrar, ainda, que não só obras, serviços, compras e alienações deverão ser licitados, mas também as locações, concessões (de serviço e de uso) e permissões (de serviço e de uso), ressalvando-se que as permissões de uso *precárias* (sem estipulação de prazo e de obrigações para a permitente) não se submeterão a prévio certame.

2
FINALIDADES E PRINCÍPIOS DA LICITAÇÃO

Nos termos do art. 3º da Lei n. 8.666/93, a licitação tem duas *finalidades específicas*:

a) garantir a observância do princípio da isonomia;

b) selecionar a proposta mais vantajosa para a Administração.

São finalidades – chamadas por alguns de princípios genéricos – às quais se vinculam outros *princípios jurídicos* que se encontram referidos em vários dispositivos da Lei n. 8.666/93. Por serem de observância obrigatória, convém que os analisemos separadamente.

a) Princípio da *legalidade* (art. 3º): significa agir em conformidade com a lei e submeter-se a ela. Para Hely Lopes Meirelles "na Administração Pública não há liberdade nem vontade pessoal. Enquanto na administração particular é lícito fazer tudo o que a lei não proíbe, na Administração Pública só é permitido fazer o que a lei autoriza. A lei para o particular significa 'pode fazer assim'; para o administrador público significa 'deve fazer assim'" (*Direito Administrativo Brasileiro*, 26ª ed., São Paulo, Malheiros Editores, 2001, p. 82).

Assim, caso a Administração queira praticar atos ou realizar procedimentos, estes deverão estar expressamente previstos em lei. *Não basta, portanto, que "a lei não proíba" para que a atuação administrativa seja permitida.*

b) Princípio da *impessoalidade* (art. 3º): visa a resguardar o interesse público, que é o objetivo primordial a ser observado em qualquer atividade da Administração. Em relação ao procedimento licitatório o interesse público está vinculado ao princípio constitucional da isonomia e à necessidade de selecionar a proposta mais vantajosa para a Administração (art. 3º da Lei n. 8.666/93). A impessoalidade significa, ainda, evitar favoritismos e privilégios dos administradores públicos, que podem se valer do cargo/função que ocupam para obter vantagem.

c) Princípio da *moralidade e probidade* (art. 3º): o administrador e os licitantes devem pautar-se por uma conduta honesta, evitando conluios, acordos escusos etc. É importante notar que nem tudo que é legal é moral.

d) Princípio da *igualdade* (art. 3º): é um princípio de extrema importância, chamado por Carlos Ari Sundfeld de "a espinha dorsal da licitação" (*Licitação e Contrato Administrativo*, 2ª ed., São Paulo, Malheiros Editores, 1995, p. 20). Desde que observado, assegura aos licitantes o mesmo tratamento e uma competição legal e efetiva no certame.

e) Princípio da *publicidade* (arts. 3º e 44, § 1º): os atos praticados no procedimento licitatório devem ser amplamente divulgados (com certas ressalvas na modalidade *convite*), possibilitando garantir, inclusive, a transparência da atuação administrativa. Convém observar que no *convite* a Lei n. 8.666/93 não obriga que a publicidade seja efetuada através de órgãos da imprensa oficial, devendo-se, contudo, dar conhecimento dos atos aos licitantes envolvidos, por meio de comunicação pessoal. Há quem admita o uso de *fac-símile* – o que, a nosso ver, é temerário se a Administração não exigir o retorno do documento pelo mesmo meio, com assinatura do representante da empresa, atestando que o recebeu.

Importante enfatizar, ainda, que os atos licitatórios serão públicos desde que resguardado o sigilo das propostas (art. 3º, § 3º, da Lei n. 8.666/93). Obviamente que as propostas deixam de ser sigilosas após a abertura dos respectivos envelopes.

f) Princípio da *vinculação ao instrumento convocatório* (ou *vinculação ao edital*) (arts. 3º e 41): a Administração e os licitantes ficam adstritos ao permitido no instrumento convocatório da licitação, não podendo mudar as regras de habilitação ou julgamento depois de iniciado o procedimento. Ademais, se assim agisse a Administração estaria beneficiando algum licitante em detrimento de outro, ferindo o princípio da isonomia (ou igualdade).

g) Princípio do *julgamento objetivo* (arts. 3º, 44, *caput*, e 45, *caput*): a decisão a ser tomada pela Administração deverá basear-se em critérios concretos, claros e definidos no instrumento convocatório e levando em consideração as propostas apresentadas. Não poderá o julgador do certame valer-se de subjetivismo no julgamento, sob pena de afrontar, além deste princípio, a isonomia entre os licitantes.

h) Princípio da *competitividade* (art. 3º, § 1º, I e II): não é permitido à entidade promotora da licitação estabelecer regras no instrumento convocatório que impeçam o acesso de interessados ao certame, ou que estabeleçam preferências em relação a qualquer deles.

i) Princípio do *procedimento formal* (arts. 4º, parágrafo único, e 41): a licitação é conjunto de atos vinculados que resultam num ato final, que é discricionário (a contratação). Igualmente, "a licitação está vinculada às prescrições legais que a regem em todos os seus atos e fases. Não só a lei, mas o regulamento, as instruções complementares e o edital pautam o procedimento da licitação" (cf. Hely Lopes Meirelles, *Licitação e Contrato Administrativo*, 12ª ed., São Paulo, Malheiros Editores, 1999, p. 26).

Conforme foi dito anteriormente, os princípios acima enunciados são de observância obrigatória no procedimento licitatório. Desta feita, não basta que os atos praticados no certame estejam autorizados na legislação, se um dos princípios informadores do procedimento foi afrontado. Se tal irregularidade ocorrer há de se reconhecer a nulidade do ato ou de todo o procedimento, conforme o caso.

3
OBJETO LICITÁVEL

3.1 Requisitos para que as obras e serviços possam ser licitados.
3.2 Requisitos para que as compras possam ser licitadas.

– *Conceito*: considera-se licitável qualquer objeto de interesse da Administração que possa ser fornecido por mais de uma pessoa (física ou jurídica). Genericamente, são os objetos arrolados no art. 2º da Lei n. 8.666/93

3.1 Requisitos para que as obras e serviços possam ser licitados

a) Existência de projeto básico (art. 7º, § 2º, I)
b) Existência de orçamento detalhado (art. 7º, § 2º, II)
c) Recursos orçamentários (art. 7º, § 2º, III)
d) Previsão no plano plurianual (mesmo que genericamente) (art. 7º, § 2º, IV)

– *Conseqüências do descumprimento dos requisitos acima*
a) Nulidade dos atos (licitação e contrato) (art. 7º, § 6º)
b) Responsabilidade dos envolvidos – de quem lhes deu causa (art. 7º, § 6º), que pode ser administrativa, civil e penal (art. 82)

3.2 Requisitos para que as compras possam ser licitadas

a) Caracterização adequada do objeto (sem indicação de marca, salvo com justificativa técnica, *em casos excepcionais*) (arts. 14 e 15, § 7º, I)
b) Existência de recursos orçamentários (art. 14)
c) Condições de armazenamento (art. 15, § 7º, III)
– *Conseqüências do descumprimento dos requisitos acima*

a) Nulidade dos atos, incluindo-se o contrato ou o que o substitua (art. 14)

b) Responsabilidade administrativa, civil e penal de quem lhes deu causa (arts. 14 e 82)

4
LICITANTE. QUEM É?

– *Conceito*: quem se habilitou e participa do procedimento licitatório, atendendo ao ato da convocação. É considerada licitante a pessoa física ou jurídica que entrega o(s) envelope(s)

– Não podem ser licitantes

a) O autor do projeto, básico ou executivo (art. 9º, I)

b) A empresa responsável pelo projeto básico ou executivo (art. 9º, II)

c) Servidor, dirigente de órgão ou entidade contratante ou responsável pela licitação (art. 9º, III)

d) Os membros da comissão de licitação (art. 9º, § 4º)

e) O responsável pelo convite (art. 9º, § 4º)

5
EXCEÇÕES AO DEVER DE LICITAR

5.1 Licitação dispensada (art. 17). 5.2 Licitação dispensável (art. 24). 5.3 Licitação inexigível (art. 25).

5.1 Licitação dispensada (art. 17)

5.1.1 Alienação de bens imóveis (inciso I)

– Interesse público previamente justificado, sendo necessárias avaliação e autorização legislativa e *somente nos seguintes casos*:

a) Dação em pagamento (art. 17, I, "a")

b) Doação (a ser analisada caso a caso em razão da ADIn n. 927-3) (art. 17, I, "b"). *A doação com encargo há de ser licitada* (arts. 17, § 4º, e 26, *caput*)

c) Permuta (a ser analisada caso a caso em função da ADIn n. 927-3) (art. 17, I, "c")

d) Investidura (art. 17, I, "d")

e) Venda a outro órgão ou entidade da Administração Pública, de qualquer esfera de governo (art. 17, I, "e")

f) Alienação, concessão de direito real de uso, locação ou permissão de uso de bens *imóveis* construídos e destinados ou efetivamente utilizados no âmbito de programas habitacionais de interesse social por órgãos ou entidades da Administração Pública especificamente criados para esse fim (art. 17, I, "f")

g) Concessão de direito real de uso de bem imóvel destinada a outro órgão ou entidade da Administração Pública (art. 17, § 2º)

Obs.: *Fora os casos acima enumerados, a alienação de bens imóveis deverá ser precedida de licitação. Imóveis adquiridos através de procedimentos judiciais ou de dação em pagamento seguem as regras do art. 19, devendo ser alienados ou por concorrência ou por leilão (III)*

5.1.2 Alienação de bens móveis (inciso II)

– Interesse público previamente justificado (a justificação depende de parecer do órgão no qual constem as razões pelas quais o bem não mais atende aos interesses da Administração; não basta dizer que é "de interesse público" a alienação), mediante avaliação e autorização interna da entidade pública, *dispensando-se* licitação *só nos seguintes casos*:

a) Doação, permitida exclusivamente para fins e uso de interesse social, após avaliação de sua oportunidade e conveniência sócio-econômica, relativamente à escolha de outra forma de alienação (art. 17, II, "a"). *A doação com encargo há de ser licitada* (arts. 17, § 4º, e 26, *caput*)

b) Permuta (a ser analisada caso a caso em razão da ADIn n. 927-3)

c) Venda de ações, que poderão ser negociadas na Bolsa, observada a legislação específica

d) Venda de títulos, na forma da legislação pertinente

e) Venda de bens produzidos ou comercializados por órgãos ou entidades da Administração Pública, em virtude de suas finalidades

f) Venda de materiais e equipamentos para outros órgãos ou entidades da Administração Pública, sem utilização previsível por quem deles dispõe

Obs.: *Fora os casos acima enumerados, a alienação de bens móveis deverá ser precedida de licitação*

5.2 Licitação dispensável (art. 24)

– A licitação *poderá ser* dispensada nas hipóteses do art. 24, ficando a critério da Administração, por outro lado, se julgar conveniente, instaurar o certame licitatório (havendo competição); assim, não há obrigação de dispensar o procedimento, mas, se o fizer, deverá justificar o ato e adotar as providências arroladas no art. 26:

a) Justificativa com as informações dos incisos do parágrafo único do art. 26 (exarada pelo servidor responsável)

b) Ato declaratório (emanado pela autoridade superior)

c) Comunicação dos atos acima em 3 (três) dias à autoridade superior (art. 26, *caput*)

d) Ratificação do ato declaratório pela autoridade competente

e) Publicação na imprensa oficial – em 5 (cinco) dias

f) Todos os atos deverão ser praticados em processo próprio

Obs.: *Os atos acima arrolados devem ser praticados nas hipóteses dos incisos III a XXIV do art. 24 (excluindo-se os incisos I e II, conforme art. 26,* **caput***)*

– Os casos de dispensa não podem ser ampliados

5.3 Licitação inexigível (art. 25)

– Configura-se a inexigibilidade quando a competição for inviável; assim, o procedimento licitatório será impossível de ser deflagrado

– As hipóteses de inexigibilidade *não são taxativas*, podendo surgir outros casos amparados pelo *caput* do art. 25. Contudo, a utilização deste dispositivo deverá ser feita com *muita parcimônia* em razão do crime previsto no art. 89 da Lei n. 8.666/93, *in verbis*:

"Art. 89. Dispensar ou inexigir licitação fora das hipóteses previstas em lei, ou deixar de observar as formalidades pertinentes à dispensa ou à inexigibilidade:

"Pena – detenção, de 3 (três) a 5 (cinco) anos, e multa."

– Como nos casos de dispensa (art. 24, II a XXIV), a inexigibilidade deverá ser justificada com a prática dos seguintes atos

a) Justificativa com as informações dos incisos do parágrafo único do art. 26 (exarada pelo servidor responsável)

b) Ato declaratório (emanado pela autoridade superior)

c) Comunicação dos atos acima em 3 (três) dias (art. 26, *caput*)

d) Publicação na imprensa oficial – em 5 (cinco) dias

e) Ratificação do ato declaratório pela autoridade competente

f) Todos os atos deverão ser praticados em processo próprio

– *Outros documentos:*

a) Tratando-se de contratação direta, por inexigibilidade, fundada no inciso I do art. 25, dever-se-á juntar aos autos a *comprovação da exclusividade*, através de atestado fornecido pelo *órgão de registro do comércio do local* em que se realizaria a licitação, a obra ou o serviço, pelo *sindicato, federação* ou *confederação patronal*, ou, ainda, por entidades equivalentes

a.1) A justificativa do servidor responsável deverá atestar *minuciosamente* a razão da escolha do objeto (bens ou serviços) a ser adquirido; dever-se-á atestar, portanto, a *singularidade do objeto*

a.2) Além da informação acima, a justificativa deverá conter a razão da escolha do produtor, empresa ou representante comercial *exclusivo* e, assim, *assumir a exclusividade*. Contudo, não basta dizer que o fornecedor é único, mas dever-se-á providenciar a comprovação disto, com os documentos a que se refere o inciso I do art. 25

b) Tratando-se de contratação de serviços por notória especialização (inciso II do art. 25), enumerados no art. 13, ou contratação de profissional de qualquer setor artístico, diretamente ou através de empresário exclusivo (inciso III do art. 25), consagrado pela crítica especializada ou pela opinião pública, dever-se-á comprovar, através de *curriculum* e outros documentos abonatórios (publicações em jornais e revistas, por exemplo), tal especialização (v. § 1º do art. 25)

Obs.: *Frisamos que os serviços arrolados no art. 13, apesar de notoriamente especializados, serão licitados, se houver competição (através de concurso, conforme parágrafo único).* **Desta feita, a licitação só será inexigível se o objeto for *singular* e a notória especialização puder ser comprovada através dos documentos acima arrolados (letra "b", imediatamente acima). Pode-se dizer, portanto, que** *os serviços arrolados no art. 13 não dispensam, de plano, o procedimento licitatório. Ainda em relação aos serviços do art. 13, entendemos serem apenas exemplificativos, e não taxativos*

6
VEDAÇÕES

6.1 Vedação à inexigibilidade (art. 25, II). **6.2** Vedação do superfaturamento na contratação direta (art. 25, § 2º). **6.3** Outras vedações previstas na Lei n. 8.666/93.

6.1 Vedação à inexigibilidade (art. 25, II)

a) Para serviços de publicidade
b) Para serviços de divulgação

Obs.: Os serviços de publicidade, com o advento da Lei n. 8.666/93 deverão ser obrigatoriamente licitados, inclusive por estarem arrolados no caput do art. 2º.

6.2 Vedação do superfaturamento na contratação direta (art. 25, § 2º)

– *Conceito*: contratação por preço muito mais elevado que o praticado no mercado

– Se ocorrer – *conseqüências*:

a) Responsabilidade solidária dos envolvidos (art. 25, § 2º)
b) Outras sanções legais (art. 25, § 2º)
b.1) Responsabilidade administrativa, civil e penal (art. 82)
b.2) Crime previsto no art. 96, primeira parte

6.3 Outras vedações previstas na Lei 8.666/93

a) Incluir no objeto da licitação a obtenção de recursos financeiros para sua execução, qualquer que seja a sua origem, exceto nos casos de empreendimentos executados e explorados sob o regime de concessão (art. 7º, § 3º)

b) Inclusão no objeto da licitação de fornecimento de materiais e serviços sem previsão de quantidades ou cujos quantitativos não correspondam às previsões reais do projeto (art. 7º, § 4º)

c) Objeto da licitação sem similaridade de marcas e características, *salvo nos casos em que for tecnicamente justificável* (art. 7º, § 5º)

– Descumprimento das vedações:

a) Nulidade do ato e do contrato (art. 7º, § 6º)

b) Responsabilidade de quem lhes deu causa (art. 7º, § 6º) – administrativa, civil e penal

7
MODALIDADES DE LICITAÇÃO

7.1 Escolha da modalidade. 7.2 A divisão do objeto licitável. 7.3 Características das modalidades.

– Estão previstas no art. 22 da Lei n. 8.666/93:

a) Concorrência

b) Tomada de preços

c) Convite

d) Concurso

e) Leilão

Obs.: Acrescentamos, neste ponto, que nova modalidade de licitação – pregão – foi criada para a União pela Medida Provisória n. 2.026/2000. Para nós, apesar de a medida provisória, fazer referência apenas às entidades da União, a modalidade já está criada no mundo jurídico, podendo, mediante legislação própria (lei), ser adotada pelos Estados, Distrito Federal e Municípios (v., sobre o "Pregão", as observações constantes do item 7.3.6, adiante)

7.1 Escolha da modalidade

a) *Regra*: em razão do valor do objeto licitado

b) Não poderão ser criadas novas modalidades além das previstas (art. 22, § 8º)

c) As modalidades existentes não poderão ser combinadas (art. 22, § 8º)

d) Poderá ser utilizada uma modalidade acima da que deveria ser escolhida, nos termos do art. 23, § 4º (*o inverso não é permitido*)

e) A Lei n. 8.666/93 impõe a utilização da *concorrência* (independentemente do valor) nos seguintes casos:

e.1) Transações imobiliárias (art. 23, § 3º), com a ressalva do art. 19 (pode ser leilão)

e.2) Concessão de direito real de uso (art. 23, § 3º) (licitação dispensada na hipótese do art. 17, § 2º)

e.3) Certames internacionais, podendo ser utilizados a *tomada de preços* (se houver cadastro internacional) e o *convite* (quando não houver fornecedor do bem ou serviço no País) (art. 23, § 3º). Importante observar, neste aspecto, que a simples presença de importador no país não supre a expressão "fornecedor". Entende-se por tal palavra a pessoa jurídica capaz de prestar serviços de assistência técnica à Administração

f) Mesmo dividindo o objeto em várias licitações, deverá ser preservada a modalidade do todo (art. 23, § 2º)

7.2 A divisão do objeto licitável

– *Regra*: a licitação deverá ser processada prevendo o total a ser adquirido

– *Exceção*: parcelamento com justificativa do órgão:

a) Para obras e serviços (arts. 8º, parágrafo único, e 23, § 1º)

b) Para compras (arts. 15, IV, e 23, § 1º)

c) As parcelas deverão ser técnica e economicamente viáveis e ter em vista o melhor aproveitamento dos recursos disponíveis no mercado e a ampliação da competitividade *sem perda da economia de escala* (art. 23, § 1º)

d) A insuficiência de recursos financeiros para licitar o todo autoriza o parcelamento, desde que justificado em despacho circunstanciado da autoridade competente (art. 8º, parágrafo único)

e) A divisão do objeto é, pois, decidida pelo Poder Público, de acordo com a conveniência administrativa ou em razão da inexistência de recursos

Obs.: *A falta da justificativa do parcelamento provoca a nulidade da licitação e a responsabilidade de quem lhe deu causa (arts. 8º, parágrafo único, e 82)*

7.3 Características das modalidades

7.3.1 Concorrência

– *Conceito*: "é a modalidade de licitação entre quaisquer interessados que, na fase inicial de habilitação preliminar, comprovem possuir os requisitos mínimos de qualificação exigidos no edital para execução de seu objeto" (art. 22, § 1º)

– *Cabimento:*

a) Contratos acima de certo valor

b) Transações imobiliárias

c) Concessão de direito real de uso

d) Licitações internacionais

– Permite a participação de qualquer interessado, desde que:

a) Atenda aos requisitos do edital

b) Não esteja impedido de participar

– A habilitação segue critérios mais rígidos e é feita no próprio procedimento (art. 22, § 1º)

– Publicidade (ampla):

a) Prazo: 30 (trinta) dias corridos (no mínimo) antes da data de encerramento da entrega dos envelopes (art. 21, II, "a")

b) Publicação do aviso (resumo do edital) (art. 21, § 1º), mas o texto integral deverá estar disponível

c) Local: no *Diário Oficial* – 1 (uma) vez (como *regra*) (art. 21, II) – e em jornal diário de grande circulação no Estado (art. 21, II)

Obs.: **Na concorrência de** *"melhor técnica"* **e** *"técnica e preço"* **o prazo de publicidade é de 45** *(quarenta e cinco) dias* **(art. 21, § 2ª, "b")**

7.3.2 Tomada de preços

– *Conceito*: "é a modalidade de licitação entre interessados devidamente cadastrados ou que atenderem a todas as condições exigidas para cadastramento até o terceiro dia anterior à data do recebimento das propostas, observada a necessária qualificação" (art. 22, § 2º)

– *Cabimento*: nos contratos cujos valores situam-se entre o convite e a concorrência

– Somente determinados interessados poderão participar (cadastrados ou que apresentarem documentação até o terceiro dia anterior à data do recebimento das propostas) e desde que, para tanto, não estejam impedidos

– A habilitação é feita de duas formas:

a) Prévia: para os já cadastrados (contudo, devem apresentar o CRC no procedimento) *b)* No procedimento: para os que apresentarem a documentação no prazo do art. 22, § 2º

– Publicidade (ampla):

a) Prazo: 15 (quinze) dias corridos (no mínimo) antes da data de encerramento da entrega dos envelopes (art. 21, III)

b) Publicação do aviso (resumo do edital) (art. 21, § 1º), mas o texto integral deverá estar disponível

c) Local: no *Diário Oficial* – 1 (uma) vez (como *regra*) (art. 21, II) – e em jornal diário de grande circulação no Estado (art. 21, II)

Obs.: Na tomada de preços do tipo *"melhor técnica"* **e** *"técnica e preço"* **o prazo de publicidade é de** *30 (trinta) dias* **(art. 21, II, "b")**

7.3.3 Convite

– *Conceito*: "é a modalidade de licitação entre interessados do ramo pertinente ao seu objeto, cadastrados ou não, escolhidos e convidados em número mínimo de 3 (três) pela unidade administrativa, a qual afixará, em local apropriado, cópia do instrumento convocatório e o estenderá aos demais cadastrados na correspondente especialidade que manifestarem seu interesse com antecedência de até 24 (vinte e quatro) horas da apresentação das propostas" (art. 22, § 3º)

– *Cabimento*: nos contratos cujos valores situem-se entre o limite da dispensa e o da tomada de preços

– Somente determinados interessados poderão participar (os convidados e os cadastrados) e desde que atendam às condições de habilitação previstas no instrumento convocatório.

– A habilitação dos convidados é presumida e a dos cadastrados é prévia (contudo, devem apresentar o CRC no procedimento, até 24 horas antes do horário final de apresentação das propostas)

– *Exceção*: se forem pedidos outros documentos aos convidados e cadastrados a fase habilitatória será obrigatória, com a entrega do envelope-documentação. Contudo, só em casos extremos a habilitação no convite deve ser criada, *não devendo ser utilizada como regra* (art. 43, § 4º). Atualmente se admite que a prova de regularidade com o INSS e com o FGTS seja juntada no envelope proposta.

– Publicidade (não é ampla, *como regra*):

a) Feita diretamente aos convidados (envio da carta-convite)

b) Afixação do convite em local apropriado (art. 22, § 3º)

c) A publicidade ampla é facultativa (art. 43, § 4º)

d) Prazo: 5 (cinco) dias úteis (mínimo) antes da data de encerramento da entrega dos envelopes (art. 21, § 2º, IV)

– *Convidados*

a) Dever-se-á convidar o maior número possível de interessados, apesar de a Lei n. 8.666/93 falar em apenas 3 (três) (art. 22, § 3º)

b) A cada novo convite, para o mesmo objeto ou assemelhado, é obrigatório convidar um novo interessado, não convidado no anterior. Justificativa neste sentido deverá constar do processo licitatório (art. 22, § 6º)

c) Se não for possível obter o número de 3 (três) licitantes, *dever-se-á providenciar a justificativa a que se refere o art. 22, § 7º*

Obs.: a) A falta das justificativas acima provocará a nulidade do certame e a repetição do convite (art. 22, § 7º)

b) Apesar de a Lei de Licitações não se referir expressamente ao convite tipo "melhor técnica" e "técnica e preço" entendemos que a utilização destes critérios é possível, ampliando-se o prazo de publicidade para 10 dias úteis (cf. art. 22, inciso III, c/c art. 45, § 1º, incisos II e III)

7.3.4 Leilão

– *Conceito*: "é a modalidade de licitação entre quaisquer interessados para a venda de bens móveis inservíveis para a Administração ou de produtos legalmente apreendidos ou penhorados, ou para a alienação de bens imóveis prevista no art. 19, a quem oferecer o maior lance, igual ou superior ao valor da avaliação" (art. 22, § 5º)

– *Cabimento*: na alienação de bens inservíveis e de bens adquiridos pela Administração em decorrência de procedimentos judiciais ou de dação em pagamento

– Permite a participação de qualquer interessado

– Não há exigência de habilitação

– Publicidade (ampla) (art. 53, § 4º):

a) Prazo: 15 (quinze) dias corridos antes da data da realização do leilão

b) Local: no *Diário Oficial* – 1 (uma) vez (como *regra*) – e em jornal diário de grande circulação (principalmente no Município em que se realizará o leilão) (art. 21, II, c/c art. 53, § 4º)

– *Tipos de leilão*:

a) Administrativo (feito por servidor)

b) Comum (feito por leiloeiro)

– Os bens deverão ser previamente avaliados (art. 53, § 1º)

– No local do leilão deverá ser lavrada ata

– Pagamento do lance (art. 53, § 2º):

a) À vista

b) Não inferior a 5% (cinco por cento) do percentual estabelecido no edital e o restante no prazo neste fixado

c) Nos leilões internacionais o pagamento da parcela à vista poderá ser feito em até 24 (vinte e quatro) horas

7.3.5 Concurso

– *Conceito:* "é a modalidade de licitação entre quaisquer interessados para escolha de trabalho técnico, científico ou artístico, mediante a instituição de prêmios ou remuneração aos vencedores, conforme critérios constantes do edital publicado na imprensa oficial com antecedência mínima de 45 (quarenta e cinco) dias" (art. 22, § 4º)

– *Cabimento:*

a) Para a escolha de trabalho técnico, científico ou artístico (art. 22, § 4º)

b) Para contratar serviços técnicos profissionais especializados (art. 22, § 4º, c/c art. 13, parágrafo único)

– Permite a participação de qualquer interessado desde que:

a) Atenda aos requisitos do edital

b) Não esteja impedido de participar de procedimento licitatório

– É outorgado prêmio ou remuneração ao vencedor:

a) De uma só vez (após o resultado do concurso)

b) Parcelado, conforme prazo fixado no edital (tratando-se de prestação de serviços o pagamento será efetuado na medida e no montante dos serviços prestados); poder-se-á também estipular pagamentos em montantes mensais fixados no edital

– Publicidade (ampla):

a) Prazo: 45 (quarenta e cinco) dias corridos (no mínimo) entre a publicação do edital e a data da entrega dos documentos (art. 21, § 2º, "a")

b) Publicação de todo o edital ou só o aviso (neste caso, o edital deverá estar disponível)

MODALIDADES DE LICITAÇÃO 27

c) Local: no *Diário Oficial* – 1 (uma) vez (como *regra*) (art. 21, II) – e em jornal diário de grande circulação no Estado (art. 21, II).

– O julgamento é feito por comissão especial, escolhida nos termos do art. 51, § 5º

– Para saber se o concurso deverá ser *público* (seguindo as regras acima) e *não interno* (divulgado apenas no âmbito da Administração), verificar:

a) Se o prêmio ou remuneração ultrapassa o valor de dispensa de licitação

b) Se o objeto do concurso (trabalho técnico, projeto, logotipo, obra artística etc.) pode ser fornecido, executado ou prestado por interessados que não apenas servidores da entidade licitadora

Obs.: Não basta o *órgão justificar que o objeto só pode ser fornecido no âmbito interno da Administração* para que o concurso não seja *público* (amplamente divulgado). Para não se submeter à Lei n. 8.666/93 o objeto deve se revestir de características tais que *realmente* só tenha sentido se realizado internamente (a *melhor tese*, o *melhor trabalho científico* etc.) e o montante do prêmio não ultrapasse o valor-limite de dispensa de licitação

7.3.6 Pregão

– *Conceito:* "Pregão é a modalidade de licitação para aquisição de bens e serviços comuns, promovida exclusivamente no âmbito da União, qualquer que seja o valor estimado da contratação, em que a disputa pelo fornecimento é feita por meio de propostas e lances em sessão pública" (art. 2º, *caput*, da Medida Provisória n. 2.026/2000)

– *Cabimento*: para aquisição de bens e serviços comuns arrolados no Anexo II do Decreto n. 3.555, de 8.8.2000. O *pregão* não pode ser utilizado para contratação de obras e serviços de engenharia, bem como às locações imobiliárias e alienações em geral (art. 5º do referido decreto)

– Publicidade (ampla), em função dos seguintes limites (art. 11 do Decreto n. 3.555/20000):

a) Para bens e serviços de valores estimados em até R$ 160.000,00 (cento e sessenta mil Reais):

– *Diário Oficial da União* e

– *meio eletrônico, na Internet*

b) Para bens e serviços de valores estimados acima de R$ 160.000,01 (cento e sessenta mil Reais e um centavo) até R$ 650.000,00 (seiscentos e cinqüenta mil Reais):

– *Diário Oficial da União*
– *meio eletrônico, na Internet,* e
– *jornal de grande circulação local*
c) Para bens e serviços de valores estimados superiores a R$ 650.000,00 (seiscentos e cinqüenta mil Reais):
– *Diário Oficial da União*
– *meio eletrônico, na Internet,* e
– *jornal de grande circulação regional ou nacional*
– *Se o órgão ou entidade licitadora for integrante do Sistema de Serviços Gerais – SISG, a íntegra do edital deverá estar disponível em meio eletrônico, na* Internet, *no* site www.comprasnet.com.br, *independentemente do valor estimado*
– Prazo de publicidade: 8 (oito) dias úteis, contados da publicação do aviso, para os interessados prepararem suas propostas (art. 11, III, do Decreto n. 3.555/2000)

Obs.: a) O pregão foi instituído pela Medida Provisória n. 2.026/2000, tendo sido esta substituída pela Medida Provisória n. 2.108/2000, e esta, por sua vez, pela Medida Provisória n. 2.182/2001
b) Ainda, regulamentam o pregão os Decretos ns. 3.693, de 20.12.2000 *(relativo à aquisição de bens e serviços de Informática, mediante pregão)*, e 3.697, de 21.12.2000 *(concernente ao pregão eletrônico)*

8
PROCEDIMENTO DA LICITAÇÃO (ARTS. 38 E SS.)

8.1 Fase interna. 8.2 Fase externa.

– Procedimento administrativo é um conjunto encadeado de atos (vinculados, portanto) que resultam na prática de um ato final (unilateral, como a permissão; ou bilateral, como o contrato). Há quem defenda que o ato final é discricionário pois poderá a Administração deixar de contratar reconhecendo, por exemplo, a nulidade ou decretando a revogação

– O procedimento da licitação divide-se em 2 (duas) fases: a *interna* e a *externa*

8.1 Fase interna

– É a fase na qual todos os atos a cargo da Administração e que antecedem a publicidade do ato convocatório (convite ou edital) são praticados pelos servidores responsáveis. Resumidamente, os atos internos seguem a ordem abaixo:

a) Requisição do setor competente contendo a descrição sucinta do objeto (sem identificação de marca)

b) Abertura do processo administrativo (art. 38, *caput*), com alteração do mesmo

c) Estimativa do valor da contratação

Obs.: Neste ponto é bom lembrar que nas licitações de compras realizadas por entidades públicas o Decreto n. 34.350/91 do Estado de São Paulo exige que se faça pesquisa de preços em, pelo menos, 3 (três) estabelecimentos do ramo, cadastrados ou não, que comercializem os bens objeto da licitação. *Tal pesquisa deverá ser juntada aos autos até a data designada para julgamento da licitação* **(art. 1º, § 1º)**

– Nas licitações de obras e serviços visando a atender ao que dispõe o art. 7º, § 2º, II, da Lei n. 8.666/93 caberá à Administração anexar aos autos orçamento detalhado em planilhas (nas obras) e solicitar propostas informais das empresas (nos serviços) para que se possa aferir os custos unitários e totais do objeto a ser licitado

d) Previsão de recursos orçamentários: verificação da existência de verba para despesa e respectiva reserva (arts. 7º, § 2º, III, 14 e 38)

Obs.: Com o advento da Lei Complementar n. 101/2000 (*Lei de Responsabilidade Fiscal*) o ordenador de despesa deverá declarar que o gasto a ser efetuado "tem adequação orçamentária e financeira com a lei orçamentária anual e compatibilidade com o plano plurianual e com a lei de diretrizes orçamentárias"

Dúvida pode ser gerada em torno da expressão "aumento da despesa", constante do *caput*. Seria qualquer despesa efetuada ou aumento de despesa não prevista no plano plurianual, lei orçamentária anual ou lei de diretrizes orçamentárias?

Para nós a lei complementar refere-se a qualquer despesa (gasto da Administração). Não teria sentido exigir do ordenador que justificasse despesas orçamentárias, ainda mais que a declaração é de compatibilidade com os documentos previstos no art. 16, II, da referida lei complementar.

e) Autorização para abertura da licitação e realização da despesa (art. 38)

f) Determinação da modalidade cabível (art. 23) em função do valor pesquisado no mercado

g) Designação da Comissão de Licitação (art. 38, III) (no convite poderá ser designado apenas um responsável)

h) Elaboração do instrumento convocatório (convite ou edital) e dos respectivos anexos, contendo as cláusulas necessárias a que se refere o art. 40

Obs.: Análise do instrumento convocatório pela unidade de acordo com minutas-padrão previamente elaboradas pelo órgão jurídico. Justificativa deverá ser exarada pela unidade atestando que a minuta constante dos autos está conforme à fornecida pelo órgão jurídico (este procedimento visa a adequar a disponibilidade de servidores na Administração e a norma do art. 38)

– *Tratando-se de dispensa ou inexigibilidade (arts. 24 e 25):*

a) Elaboração de justificativa e ato declaratório pela unidade

b) Juntada de pareceres dos órgãos técnicos e jurídicos e documentos comprobatórios (art. 38, VI) (se for o caso, refazer a justificativa e o ato declaratório em razão dos prazos do art. 26)

c) Ratificação (pela autoridade superior) (art. 26)

d) Publicação no prazo de 5 (cinco) dias (art. 26)

e) Elaboração de contrato, se o total estiver compreendido nos valores de concorrência e de tomada de preços (art. 62); do contrário, documento hábil (ou equivalente) deverá substituí-lo

f) Publicação do extrato (art. 61, parágrafo único)

8.2 Fase externa

– Inicia-se com a publicidade do instrumento convocatório, momento no qual se considera instaurada a licitação

– Os atos a seguir, relativos à fase externa, deverão ser praticados em seqüência aos da fase interna (n. 8.1, *retro*):

a) Divulgação do instrumento convocatório (art. 21)

a.1) Publicação do edital (na concorrência e tomada de preços) (ou aviso); juntada da cópia aos autos (art. 38, II)

a.2) Entrega do convite e juntada do comprovante aos autos (art. 38, II)

Obs.: a) **A forma de contagem dos prazos de publicidade está prevista no art. 23, § 3º.** *Convém frisar que no convite o prazo se inicia a partir do primeiro dia útil seguinte à data de entrega para o último convidado ou da afixação do mesmo em local apropriado (exigida pelo art. 22, § 3º).* b) **Nos autos a unidade deverá anexar documento atestando em que data a cópia do convite foi fixada e em que local**

– A respeito da contagem de prazo de publicidade no convite recomendamos a leitura de nosso posicionamento constante da obra *Temas Polêmicos sobre Licitações e Contratos* (organizada por Maria Sylvia Zanella Di Pietro, 4ª ed., São Paulo, Malheiros Editores, 2000, pp. 81-83).

b) Entrega dos documentos de habilitação (envelope n. 1) e da proposta (envelope n. 2) (art. 38, IV), que oportunamente deverão ser juntados aos autos

Obs.: a) **Os cadastrados na correspondente especialidade (não convidados) deverão manifestar interesse em participar do convite (art. 22, § 3º) com antecedência de até 24 (vinte e quatro) horas da apresentação dos envelopes, fornecendo cópia do Certificado de Registro Cadastral, que será analisado dentro do certame (fase de habilitação) pela Comissão Julgadora; b) Na tomada de preços os não cadastrados (mas interessados) que queiram participar deverão entregar a documentação exigida para o cadastramento até o** *terceiro dia anterior* **à data do recebimento das propostas (art. 22, § 2º) – documentação, esta, a ser analisada na fase habilitatória do procedimento, também pela Comissão Julgadora**

– A análise dos documentos apresentados na tomada de preços pelos não cadastrados deverá ser entregue à Comissão Julgadora, e não à Comissão de Cadastramento. É a primeira que possui competência para julgar a habilitação dos licitantes. Sendo assim, não se expede CRC para a empresa habilitada

c) *Fase da habilitação*

c.1) Sessão pública de abertura dos envelopes-documentação, com lavratura da respectiva ata (art. 43, I, e § 1º)

c.2) Exame dos documentos apresentados pelos participantes

c.3) Decisão ou julgamento sobre a habilitação (art. 43, I)

c. 4) Publicação da decisão (ou julgamento) sobre a habilitação, que deverá obrigatoriamente ser publicada (na concorrência e tomada de preços) ou comunicada aos licitantes, se todos estiverem presentes

Obs.: Na mesma sessão, *se todos os licitantes estiverem presentes e se todos desistirem de recorrer* (com poderes em procuração para tanto) (art. 43, I), poder-se-á abrir os envelopes-proposta

c.5) Havendo recurso, a nova decisão deverá ser publicada ou comunicada aos licitantes com comprovação nos autos

c.6) Devolução dos envelopes-proposta aos inabilitados (art. 43, II)

d) *Fase da classificação e julgamento das propostas*

d.1) Sessão pública de abertura dos envelopes-proposta (art. 43, III), com lavratura de ata

Obs.: No convite, como geralmente não há fase habilitatória, a fase do julgamento inicia-se com a abertura dos envelopes-proposta

d.2) Na licitação de "melhor técnica" ou "técnica e preço" serão exigidos 3 (três) envelopes: habilitação (1), proposta técnica (2), proposta financeira ou preço (3). A abertura dos envelopes da proposta financeira só será efetivada em relação aos licitantes classificados tecnicamente. Os desclassificados na proposta técnica terão suas propostas financeiras devolvidas

d.3) Exame dos documentos e decisão na mesma sessão de abertura (o que não é comum) ou em momento posterior. Os motivos da desclassificação estão arrolados no art. 48

d.4) A decisão (ou julgamento) sobre a fase das propostas (arts. 43, V, 44 e 45), contendo a classificação dos licitantes, deverá ser publicada (na concorrência e na tomada de preços) ou comunicada diretamente (no convite), com juntada dos comprovantes nos autos (em caso de empate, após obedecido o disposto no § 2º do art. 3º, haverá sorteio em sessão pública – art. 45, § 2º)

d.5) Recurso do julgamento das propostas com efeito suspensivo (art. 109, I, "b", e § 2º)

Obs.: a) Havendo recurso, comunicar-se-á aos demais licitantes para, querendo, impugnar no prazo de 5 (cinco) dias úteis (art. 109, § 3º) (no convite são três dias úteis – § 6º). b) Transcorrido o prazo para impugnação (com ou sem sua interposição), a Comissão de Licitação exarará decisão, mantendo ou não o julgamento. Se o mantiver, os autos serão remetidos à autoridade superior, tudo no prazo definido no art. 109, § 4º

d.6) Havendo recurso, a nova decisão deverá ser publicada ou comunicada aos licitantes com comprovação nos autos (classificação final dos concorrentes)

e) Fase de homologação e adjudicação

e.1) Os autos são remetidos à autoridade superior para verificação da legalidade e da conveniência e oportunidade em homologar o certame

e.2) Caso a autoridade superior decida anular ou revogar o procedimento, comunicará as licitantes *previamente*, para que estes utilizem o contraditório e a ampla defesa (art. 49, § 3º)

Obs.: Vale lembrar que *durante* o procedimento poder-se-á reconhecer a nulidade de qualquer(quaisquer) ato(s) praticado(s), assim como poderá a autoridade superior revogar todos os atos praticados, não havendo necessidade de se esperar a fase homologatória para tanto. Deve-se atentar, porém, para os requisitos do art. 49

– A nulidade pode ser total ou parcial e a revogação só pode se dar totalmente (atinge todo o procedimento)

e.3) Assegurados o contraditório e a ampla defesa, a decisão sobre a nulidade/revogação será tomada dando-se ciência aos licitantes para que façam uso, querendo, do recurso previsto no art. 109, I, "c". Tal recurso não tem, obrigatoriamente, efeito suspensivo, mas a ele poderá ser conferido tal efeito em razão do que dispõe o art. 109, § 2º. Havendo recurso, seu processamento será o mesmo aqui referido nos itens "c.4", "c.5", "d.5" e "d.6"

e.4) Não sendo caso de nulidade ou de revogação, a autoridade superior homologará o certame e adjudicará o objeto ao vencedor (arts. 43, VI, e 38, VII), publicando ou comunicando diretamente aos licitantes (no convite) a decisão, juntando-se cópia dos comprovantes nos autos

e.5) Da homologação e adjudicação – que, preferencialmente, deverão ser praticadas no mesmo ato – não cabe recurso em sentido estrito (ou hierárquico – art. 109, I), mas somente representação, no prazo de 5 (cinco) dias úteis (art. 109, II)

e.6) Convocação do adjudicatário para assinar o contrato ou aceitar/retirar o documento equivalente (art. 62)

e.7) Publicação do extrato do contrato (art. 61, parágrafo único)

9
GENERALIDADES SOBRE O PROCEDIMENTO

9.1 Parecer do órgão jurídico. 9.2 Principais vícios no edital/convite. 9.3 Impugnação do edital (art. 41). 9.4 Comissão de Licitação (art. 51). 9.5 Habilitação dos licitantes. 9.6 Diligências. 9.7 Licitação internacional (art. 42). 9.8 Licitação para contratação de bens e serviços de informática (art. 45, § 4º). 9.9 Licitação para concessão e permissão de uso de área de propriedade da Administração. 9.10 Exigência no edital/convite de comprovação de regularidade para com o INSS e o FGTS. 9.11 Licitação de prestação de serviços. 9.12 Competências da autoridade superior.

9.1 Parecer do órgão jurídico

– Em qualquer fase os autos poderão ser enviados ao órgão jurídico, desde que acompanhados de parecer prévio da unidade (aprovado pela autoridade superior) contendo as informações técnicas a respeito do procedimento efetuado e, em especial, com indicação detalhada das dúvidas *jurídicas* levantadas

– Não cabe ao órgão jurídico analisar o mérito das decisões tomadas pela Comissão de Licitação, nem orientá-la através de parecer sobre o melhor julgamento a proceder, salvo se a questão colocada tiver caráter jurídico (e não apenas técnico ou de mérito)

9.2 Principais vícios no edital/convite

a) Cláusulas essenciais omitidas

b) A autoridade que emite o edital (ou carta-convite) não tem competência para tanto

c) Disposições editalícias minuciosas, com exigências desproporsitadas e/ou ilegais que atendem somente às condições de um proponente ou um grupo deles

d) Os documentos habilitatórios exigidos não poderão ser diferentes dos arrolados nos arts. 28 a 31 da Lei n. 8.666/93, lembrando que na tomada de preços não é recomendável a solicitação de documentos que já foram apresentados quando da obtenção do CRC. A única exceção, neste caso, refere-se à possibilidade de se solicitar no certame comprovação de regularidade relativa ao FGTS, em razão da Lei 9.012/95 e à Seguridade Social – INSS em razão de o advento da Lei federal n. 9.032/95 ter estabelecido a responsabilidade solidária da Administração para com os encargos previdenciários da contratada (decorrentes do contrato) (cf. art. 4º, § 2º)

Obs.: **Fora as exigências da Lei 9.032/95, a própria Constituição Federal impede que a Administração (Poder Público) contrate com pessoa jurídica em débito com o Sistema de Seguridade Social (art. 195, § 3º)**

9.3 Impugnação do edital (art. 41)

a) Interposta por qualquer cidadão até 5 (cinco) dias úteis antes da data fixada para a abertura dos envelopes de habilitação (art. 41, § 1º); julgamento pela Administração em 3 (três) dias úteis

b) Interposta pelo licitante até o segundo dia útil que anteceder a abertura dos envelopes-habilitação (na concorrência), a abertura dos envelopes-proposta (no convite, tomada de preços ou concurso) ou a realização do leilão (art. 41, § 2º)

c) Se não impugnarem no prazo, tanto o cidadão quanto o licitante decaem deste direito. *Contudo, caso a impugnação seja extemporânea, convém analisá-la, pois poderá apontar a existência de cláusula nula que seria necessário reconhecer, republicando o edital (ou expedindo novo convite)*

d) Acatada a impugnação, o instrumento convocatório deverá ser refeito e republicado, devolvendo-se o prazo de publicidade (art. 21, § 4º)

9.4 Comissão de Licitação (art. 51)

a) Permanente

b) Especial

– Composição: 3 (três) membros (dois servidores qualificados e efetivos e um servidor comum ou estranho à Administração). O convite pode ter apenas 1 (um) responsável

– A decisão é por maioria de votos, podendo-se consignar em ata posição contrária

– No concurso designa-se uma comissão especial, cujos membros deverão possuir reputação ilibada e reconhecido conhecimento da matéria; não precisam ser servidores (art. 52, § 5º)

– A responsabilidade dos membros é solidária (art. 51, § 3º), e poderão responder por sanções administrativas, civis e penais (art. 82)

– A investidura dos membros das comissões permanentes é de 1 (um) ano e alguns poderão ser reconduzidos (no máximo dois), mas não a totalidade (art. 51, § 4º)

9.5 Habilitação dos licitantes

a) Apenas 1 (um) habilitado: na concorrência e na tomada de preços prossegue o certame normalmente; no convite dever-se-á justificar as limitações de mercado ou manifesto desinteresse dos convidados, sob pena de repetição do certame (art. 22, § 7º)

b) Nenhum dos interessados (que entregaram os envelopes) foi habilitado: primeiro concede-se prazo para apresentação de novos documentos (optativo) ou a licitação é fracassada; repete-se o certame

c) Ninguém comparece (não há licitantes): repete-se o certame (pelo menos uma vez); no convite, novos licitantes deverão ser convidados

– Os fatos ensejadores da habilitação só poderão ser revistos (ultrapassada a fase da habilitação) se motivo superveniente autorizar (art. 43, § 5º)

– Após a fase de habilitação não cabe desistência da proposta (art. 43, § 6º)

9.6 Diligências

– A comissão poderá promover diligências com o intuito de esclarecer ou complementar a instrução do processo (art. 43, § 3º), desde que não anexe aos autos documento contendo informações *novas* que deveriam constar originariamente da proposta

9.7 Licitação Internacional (art. 42)

a) A concorrência é a *regra* e a Administração só poderá realizar tomada de preços se possuir cadastro internacional e convite se não existir no mercado nacional fornecedor do bem ou serviço (art. 23, § 3º)

b) As licitantes brasileiras só poderão cotar em moeda estrangeira se assim for permitido às licitantes estrangeiras (art. 42, § 1º)

9.8 Licitação para contratação de bens e serviços de informática (art. 45, § 4º)

a) Aplicação do Decreto federal n. 1.070/94

b) A licitação será do tipo "técnica e preço" se 50% (cinqüenta por cento) ou mais do total do objeto a ser licitado for composto de bens e serviços de informática (art. 2º, VI, Decreto n. 1.070/94)

c) Se não for adotado o tipo "técnica e preço", mas, sim, "menor preço", deverá a unidade juntar aos autos justificativa atestando que os 50% (cinqüenta por cento) acima referidos não foram atingidos

d) Critérios de desempate previstos na Lei n. 8.248/91 (art. 3º) (v. art. 5º do Decreto n. 1.070/94)

e) De acordo com o art. 1º, § 3º, do Decreto n. 1.070/94, nos certames realizados sob a modalidade *convite* não está a Administração obrigada a utilizar o tipo de licitação "técnica e preço"

9.9 Licitação para concessão e permissão de uso de área de propriedade da Administração

a) O interesse público deverá ser justificado nos autos

b) A permissão de uso só será licitada se assumir caráter contratual (com prazo e obrigações para ambas as partes); do contrário, será considerada precária e feita mediante termo outorgado pela autoridade competente

c) A permissão e a concessão poderão ser onerosas ou gratuitas

d) Pagamento de taxa administrativa: no caso da concessão de uso para fins de exploração de serviços reprográficos, por exemplo, poder-se-á estipular que o pagamento da taxa administrativa será feito em cópias (número mínimo a ser indicado no edital) e o montante não utilizado valerá como crédito para o mês subseqüente

e) A área objeto da concessão/permissão deverá ser identificada nos autos, com a juntada de planta/croqui

f) A permissão precária deverá ser autorizada no âmbito interno da Administração

9.10 Exigência no edital/convite de comprovação de regularidade para com o INSS e o FGTS

– A Lei federal n. 9.032, de 28.4.95, impôs, no seu art. 4º, § 2º, a responsabilidade solidária da Administração com o contratado em relação aos encargos previdenciários decorrentes da execução do contrato. Referida responsabilidade solidária foi afastada, em parte, pela Lei n. 9.711, de 20.11.98, e pela Ordem de Serviço do INSS n. 209, de 20.5.99, as quais estipularam a obrigatoriedade de a contratante descontar 11% (onze por cento) do valor a ser pago à contratada pelos serviços, repassando o montante respectivo ao INSS, até o segundo dia útil do mês seguinte ao da prestação dos serviços

– Nos documentos habilitatórios arrolados no instrumento convocatório, deverá constar *documento comprobatório demonstrando situação regular no cumprimento dos encargos sociais instituídos por lei relativos ao INSS e ao FGTS com prazo em vigor na data final da entrega dos envelopes*

Obs.: a) Nas tomadas de preços, além do CRC, somente os documentos acima arrolados deverão ser solicitados para fins de habilitação. b) Nos convites – que, em geral, não possuem fase de habilitação – dever-se-á fazer constar que "fica o adjudicatário desde já ciente de que na oportunidade da celebração do contrato ou retirada do instrumento equivalente ser-lhe-á exigido *documento comprobatório demonstrando situação regular no cumprimento dos encargos sociais instituídos por lei relativos ao INSS e ao FGTS, sob pena de serem aplicadas as sanções previstas na cláusula ... do convite*" *(esta exigência, poderá ser feita no envelope-proposta)*

9.11 Licitação de prestação de serviços

– Com o advento da Lei n. 9.032/95 algumas disposições deverão, necessariamente, constar do edital/convite:

a) "Com o Certificado de Registro Cadastral deverá ser apresentada prova de regularidade relativa à Seguridade Social (INSS) e ao Fundo de Garantia por Tempo de Serviço (FGTS) com prazo de validade na data final de apresentação dos envelopes"

b) Não será concedido reajuste de preços em decorrência de dissídio coletivo, bem como não será admitida a atualização de preços em face do tempo decorrido entre a data fixada para o recebimento da proposta e o início da vigência do contrato

c) A contratante reserva-se o direito de fiscalizar mensalmente o cumprimento das obrigações trabalhistas, previdenciárias, comerciais e fiscais a cargo da contratada, exigindo, se assim entender, a comprovação do pagamento de salários e demais obrigações decorrentes, sem prejuízo do controle das outras condições operacionais contratualmente estabelecidas

d) A contratada obrigar-se-á pelos encargos trabalhistas, previdenciários, comerciais, fiscais e outros, se existirem, sem quaisquer ônus adicionais para a contratante, e, ainda, a apresentar a carteira profissional dos funcionários que prestarão serviços à contratante, com o registro do contrato de trabalho, bem como a comprovar o recolhimento dos encargos trabalhistas e previdenciários

e) A contratada deverá enviar, quando da apresentação do faturamento relativo ao mês da prestação de serviços, cópia autenticada dos comprovantes de recolhimento de INSS (GRPS), FGTS (GRE) e respectiva folha de pagamento do mês da prestação do serviço, vinculados à nota fiscal-fatura

9.12 Competências da autoridade superior

a) Encerrados os atos a cargo da Comissão de Licitação (classificação das propostas), os autos são remetidos à autoridade superior para homologação do procedimento e adjudicação do objeto

a.1) Não havendo motivos para anular ou revogar, deverá o procedimento ser obrigatoriamente homologado e adjudicado o objeto ao primeiro classificado; assim, este será convocado para assinar o contrato (no prazo determinado no edital) ou retirar o instrumento equivalente

a.2) A fase posterior ao julgamento das propostas assim como a contratação são de responsabilidade da autoridade superior, não respondendo por elas a Comissão de Licitação

a.3) Não poderá tal autoridade celebrar contrato com preterição da ordem de classificação das propostas ou com terceiros estranhos ao procedimento licitatório, sob pena de nulidade (art. 50) ou de responsabilidade, a ser apurada (art. 82)

b) Na contratação direta (sem licitação) o ato declaratório é exarado pela autoridade superior ao servidor que emite a justificativa, cabendo sua ratificação à autoridade máxima da Administração (ou a quem ela delegar tal competência)

b.1) A análise de mérito na contratação direta é feita, em última instância, pela autoridade que emite o ato declaratório, respondendo solidariamente com o servidor encarregado da justificativa *c)* No procedimento licitatório a autoridade superior é responsável pela aplicação de penalidades

c.1) Convém frisar que aplicar penalidades não depende da vontade do administrador, pois, constatada a infração, o ato sancionatório é vinculado, e não discricionário; desta feita, caso a autoridade competente decida não aplicar a penalidade cabível, deverá justificar-se através de despacho motivado, ficando ciente de que poderá ser responsabilizada nos termos do art. 82 da Lei n. 8.666/93

10
CONTRATOS

10.1 Requisitos do contrato administrativo. 10.2 Prazo dos contratos administrativos (art. 57). 10.3 Prorrogação. 10.4 Cláusulas essenciais (necessárias) do contrato. 10.5 Formalização dos contratos (arts. 60 a 64). 10.6 Alteração dos contratos (art. 65). 10.7 Extinção dos contratos.

Os contratos administrativos (submetidos a regime de direito público) regulam-se pelas normas da Lei n. 8.666/93 (arts. 54 a 80) e, supletivamente, pelos princípios da teoria geral dos contratos e disposições de direito privado.

Nada impede, porém, que a Administração seja signatária de contratos regidos pelo direito privado; neste caso, aplicar-se-ão, *no que couber*, as normas gerais da Lei n. 8.666/93 e os arts. 55 e 58 a 61, conforme dispõe o art. 62, § 3º. Entre os ajustes de direito privado estão os contratos de seguro, de financiamento, de locação em que o Poder Público seja locatário, os contratos em que este for parte como usuário de serviço público etc. (incisos I e II do § 3º do art. 62).

Por outro lado, não é incomum surgirem outros contratos regidos pelo direito privado e que são de interesse da Administração Pública; por esta razão, o inciso I do § 3º do art. 62 se refere aos "demais cujo conteúdo seja regido, predominantemente, por norma de direito privado".

Nos contratos administrativos o Poder Público atua com supremacia (detém privilégios) que lhe garante impor condições ao contratado; o mesmo não ocorre com os contratos de direito privado, em que as condições da Administração deverão ser negociadas com o particular. Contudo, é bom frisar que nem todas as imposições do particular poderão ser acatadas pela Administração – em razão de formalidades decorrentes do princípio da legalidade, a que está submetida.

10.1 Requisitos do contrato administrativo

a) Bilateral (duas partes) ou plurilateral (mais de uma parte)

b) Comutativo (com obrigações recíprocas)

c) Formal (escrito)

d) Oneroso (remunerado)

e) *Intuitu personae* (o contratado assume responsabilidades cobradas pela Administração)

f) A regra é que depende de prévia licitação

g) No caso de licitação dispensada (art. 17), dispensável (art. 24) e inexigível (art. 25) requer um procedimento formal

h) Prévio empenho: é o ato que cria para o Poder Público a obrigação de pagamento pendente ou não de implemento de condição (cf. art. 60 da Lei federal n. 4.320/64)

i) Existência de recursos orçamentários

j) Exame pela assessoria jurídica (art. 38, parágrafo único), mesmo que seja de uma minuta-padrão

k) Deve ser publicado (em regra, o resumo) na imprensa oficial (uma vez), para que tenha eficácia. Prazo definido no art. 61, parágrafo único

Obs.: Se não for publicado o contrato não terá eficácia e será responsabilizado o servidor que deu causa ao fato (art. 82)

10.2 Prazo dos contratos administrativos (art. 57)

Obs.: Os contratos de direito privado não se submetem ao art. 57 (cf. 62, § 3º)

a) *Regra geral*: vigência dos respectivos créditos orçamentários (*caput* do art. 57)

b) Exceções

b.1) Projetos previstos no plano plurianual (art. 57, I)

b.2) Prestação de serviços contínuos (art. 57, II): limite de 60 (sessenta) meses

Obs.: A Lei 8.666/93 com a nova redação dada pela Lei 9.648/98 permite a prorrogação excepcional por mais 12 (doze) meses (cf. § 4º do art. 57)

b.3) Aluguel de equipamentos e utilização de programas de informática: limite de até 48 (quarenta e oito) meses (art. 57, IV)

c) Os contratos não podem prever efeitos financeiros retroativos

d) O prazo não pode ser indeterminado

10.3 Prorrogação

– *Conceito*: é o prolongamento da vigência do contrato com o mesmo contratado e nas mesmas condições

– Normalmente só se prorroga o contrato quando há previsão expressa neste sentido no instrumento convocatório e no próprio termo de ajuste

– *Exceção*: as hipóteses do § 1º do art. 57 e do § 4º introduzido pela Lei 9.648/98. São os casos excepcionais de prorrogação que dependem de justificativa e despacho motivado da autoridade competente autorizando (art. 57, § 2º) e não precisam estar previstos expressamente no contrato

– A prorrogação é formalizada através de um termo de aditamento

10.4 Cláusulas essenciais (necessárias) do contrato

a) Ementa e Preâmbulo

a.1) Quem firma o contrato, por deter personalidade jurídica, é a entidade pública, e não as unidades (ou órgãos) diretamente

a.2) A competência para assinar contrato é, em regra, de quem detém representação legal para tanto

a.3) Alternativa: delegação de competência para outras autoridades

a.4) Dever-se-á no preâmbulo do contrato fazer referência à legislação aplicável ao procedimento (Leis ns. 8.666/93 e alterações posteriores). Atos normativos específicos (que tratam de sanções, forma de pagamento etc.) poderão ser citados no corpo do contrato – nas cláusulas que tratam do assunto

b) As cláusulas que deverão constar do corpo do contrato estão arroladas no art. 55. Resumidamente

b.1) Objeto: descrição minuciosa

b.1.1) Nos contratos de prestação de serviços dever-se-ão mencionar: o número de funcionários a serem colocados à disposição da Administração, bem como a área da Administração em que o serviço será prestado e o horário relativo

b.1.2) Nas permissões e concessões de uso a cláusula 1ª ("Do Objeto") deverá informar o total da área cedida, além de se referir à planta/croqui (identificadora de tal área) constante dos autos

b.2) Preço: é o constante da proposta; a dotação orçamentária deverá ser identificada

b.3) Condições de pagamento: em razão da responsabilidade solidária da Administração para com os débitos previdenciários do contratado, instituída pela Lei federal n. 9.032/95, a cláusula do pagamento deverá prever que este será condicionado também à *apresentação do faturamento relativo ao mês da prestação de serviços, cópia autenticada da folha de pagamentos e comprovante de recolhimento dos encargos vinculados à nota fiscal de serviços/fatura*

b.4) Reajuste de preços: para ser aplicado, deverá constar do edital (art. 40, XI) e do contrato; se as previsões não forem feitas entendem-se como irreajustáveis a obrigação e o contrato. Atualmente, em razão do advento do Plano Real, está vedado o reajuste de preços antes de 1 (um) ano da assinatura dos contratos

> *Obs.: Revisão de preços não é o mesmo que reajuste. Aquela se dá desde que constatado o desequilíbrio econômico-financeiro do ajuste, por fatores imprevisíveis ou, mesmo que previsíveis, de dimensões insuportáveis. Reajuste significa a atualização do preço por índice previamente fixado pelas partes, que será geral ou específico, refletindo a variação do custo de produção do bem*

b.5) Garantias contratuais: além de previstas no contrato, deverão ter sido fixadas no instrumento convocatório (art. 56)

b.5.1) Exigi-las ou não é critério de mérito da Administração, sendo recomendável em licitações de grande vulto, que envolvam objeto complexo, e em contratos que imponham obrigações continuadas para o contratado

b.5.2) Solicitada a prestação de garantia ao contratado, caberá a escolha da modalidade (art. 56, § 1º), *que se restringe a*

b.5.2.1) Caução em dinheiro ou títulos da dívida pública

b.5.2.2) Seguro-garantia

b.5.2.3) Fiança bancária

b.5.3) Valor: 5% (cinco por cento) do valor do contrato (art. 56, § 2º)

b.5.4) Exceção: 10% (dez por cento) na hipótese do art. 56, § 3º

b.5.5) Liberação da garantia: após o cumprimento do contrato (art. 56, § 4º). Pode ser retida pela Administração: o caso de aplicação de multa (art. 86, § 2º) *b.5.6)* Multa superior à garantia: perde esta e responde pela diferença (art. 86, § 3º)

b.6) Penalidades: para serem aplicadas deverão estar previstas no instrumento convocatório e no contrato. É importante que a Administração disponha de regulamentação interna a respeito

b.7) Obrigações do contratado: entre outras, uma das obrigações a constar do contrato é a de "manter, durante toda a execução do contrato, em compatibilidade com as obrigações por ele assumidas, todas as condições de habilitação e qualificação exigidas na licitação" (art. 55, XIII)

c) Fecho: cláusula do foro (v. art. 55, § 2º)

Obs.: Apesar de não terem sido aqui citadas expressamente, outras cláusulas necessárias deverão constar do contrato, segundo o art. 55

10.5 Formalização dos contratos (arts. 60 a 64)

a) O contrato deve ser escrito; não há contrato verbal

b) Exceção: pequenas compras de pronto pagamento (art. 60, parágrafo único) – as de valor inferior a 5% (cinco por cento) do valor do convite, feitas no regime de adiantamento

c) Obrigatoriedade do termo de contrato (art. 62)

c.1) Nas concorrências e tomadas de preços

c.2) Nos casos de dispensa e inexigibilidade se os valores ajustados são de concorrência e tomada de preços

c.3) Nos contratos de duração prolongada (não importa a modalidade)

d) Facultatividade do termo de contrato: pode ser substituído pelos documentos referidos no art. 62, *caput,* fora dos casos acima

e) Dispensabilidade do termo de contrato: casos de compra com entrega imediata e integral dos bens adquiridos, dos quais não resultem obrigações futuras, inclusive assistência técnica (art. 62, § 4º) – não importa o valor do contrato e depende da *escolha* da Administração (é mérito)

10.6 Alteração dos contratos (art. 65)

a) Só nas hipóteses do art. 65

b) Espécies

b.1) Por ato unilateral da Administração (art. 65, I)

b.2) Por ato bilateral (art. 65, II)

c) Depende de justificativa

d) Formalização: adiantamento

e) Limites (art. 65, § 1º)

e.1) Até 25% (vinte e cinco por cento) do valor inicial atualizado do contrato para obras, serviços e compras

e.2) Até 50% (cinqüenta por cento) do valor inicial atualizado do contrato para reforma de edifícios e equipamentos

Obs.: **A Lei 9.648/98 introduziu um § 2º ao art. 65 da Lei 8.666/93, possibilitando supressões nos contratos, em índices superiores aos do § 1º do mesmo artigo,** *desde que haja acordo entre as partes*

10.7 Extinção dos contratos

a) Hipóteses: com a conclusão do objeto e com o término do prazo

b) Anormal

b.1) Por rescisão administrativa (unilateral) (art. 79, I)

b.2) Por rescisão amigável (art. 79, II)

b.3) Por rescisão judicial (art. 79, III)

b.4) Conseqüências da rescisão administrativa (unilateral) (art. 80)

b.4.1) assunção imediata do objeto do contrato (inciso I)

b.4.2) Ocupação e utilização do local (inciso II)

b.4.3) Execução da garantia contratual (inciso III)

b.4.4) Retenção dos créditos remanescentes até o limite dos prejuízos causados à Administração (inciso IV) – incluindo o montante da multa

c) Instrumentos da rescisão

c.1) Amigável: termo de rescisão com assinatura das partes

c.2) Unilateral: ato administrativo (despacho) da autoridade administrativa

c.2) Judicial: sentença

Obs.: **A rescisão do ajuste deverá ser publicada na Imprensa Oficial**

11
MINUTAS DE INSTRUMENTOS CONVOCATÓRIOS E CONTRATOS

MINUTA 1
EDITAL DE TOMADA DE PREÇOS
(COMPRA — BENS DE ENTREGA IMEDIATA)

UNIDADE: ...
ENDEREÇO: ...
TOMADA DE PREÇOS N. ...
PROCESSO N. ...

TIPO DE LICITAÇÃO: MENOR PREÇO

Entrega dos envelopes até o dia ..., às ... horas, iniciando-se a abertura dos envelopes às ... horas, no endereço supra.

BASE LEGAL: Lei n. 8.666, de 21 de junho de 1993, e alterações posteriores.

1. Objeto da licitação

Aquisição dos suprimentos de informática abaixo relacionados:

ITEM	QTDE.	MATERIAL/EQUIPAMENTO/SERVIÇO

(Relação, item por item, das quantidades e especificações pormenorizadas dos materiais, equipamentos ou serviços).

2. Da apresentação dos "Envelopes — Documentação" e "Proposta"

O licitante deverá apresentar até o dia e hora indicados dois Envelopes fechados, contendo externamente a razão social da empresa, o número desta licitação e a indicação do número do Envelope, sendo o n. 1 destinado ao "Envelope —Documentação" e o n. 2 ao "Envelope — Proposta".

3. Da habilitação: "Envelope n. 1 — Documentação"

Para participar desta licitação o interessado deverá apresentar a seguinte documentação:

3.1 Certificado de Registro Cadastral expedido pela ...(indicar entidade)..., em plena validade na data da apresentação dos Envelopes, com classificação em categoria pertinente ao objeto desta licitação e expedido com base da Lei federal n. 8.666/93, e as alterações posteriores.

3.1.1 Juntamente com o Certificado de Registro Cadastral, apresentar documento comprobatório de regularidade relativa à Seguridade Social (INSS) e ao Fundo de Garantia por Tempo de Serviço (FGTS), em plena validade na data limite de entrega dos envelopes

3.2 Alternativamente ao Certificado indicado no subitem anterior, poderá ser apresentado Certificado de Registro Cadastral expedido por qualquer órgão ou entidade da Administração Pública (ou indicar a(s) entidade(s) de preferência), em plena validade e com classificação em categoria pertinente ao objeto desta licitação, expedido com base na Lei n. 8.666/93, e alterações posteriores.

3.3 Os licitante que não puderem atender ao disposto nos subitens 3.1 e 3.2 deverão encaminhar à Comissão Julgadora de Licitação, até o terceiro dia anterior à data do recebimento dos Envelopes, a documentação prevista nos arts. 27 a 31 da Lei n. 8.666/93, documentação, essa, que deverá atender a todas as condições exigidas para cadastramento (na entidade licitadora), observada a necessária qualificação.

3.4 Os licitantes são obrigados a declarar a superveniência de fato impeditivo da habilitação. A ausência de declaração nesse sentido será entendida pela Comissão Julgadora como manifestação de inexistência de fato desfavorável ao licitante, ocorrido após a obtenção do Certificado de Registro Cadastral.

3.5 Os documentos de habilitação serão apresentados no original, por qualquer processo de cópia autenticada ou por publicação em órgão de imprensa oficial.

3.5.1 Poderá o licitante apresentar os originais dos documentos acompanhados de cópias para serem autenticadas pela Comissão Julgadora, hipótese em que os originais serão devolvidos aos interessados.

3.6 Serão inabilitados os licitantes que:

a) deixarem de apresentar o CRC ou documentos mencionados no subitem 3.3 nas condições exigidas pelo edital;

b) estiverem sob processo de falência ou concordata;

c) estiverem cumprindo pena de suspensão no âmbito da ...(indicar entidade)...;

d) forem declarados inidôneos por ato do Poder Público.

4. "Envelope n. 2 – Proposta"

A proposta deverá ser apresentada de maneira a:

4.1 Não conter rasuras ou emendas em lugar essencial.

4.2 Estar assinada e rubricada em todas as suas vias pelo representante legal, com indicação do cargo por ele exercido na empresa.

4.3 Conter com clareza e sem omissões as especificações do bem ofertado, mencionando marcas e preços unitários e totais, de forma a obedecer à discriminação do objeto da licitação.

4.4 As cotações deverão ser apresentadas em Reais.

4.4.1 Ocorrendo divergência entre os valores unitários e totais, prevalecerão os unitários.

4.5 Informar sobre a existência de impostos sobre o preço de venda, considerando-se como inclusos quando não mencionados.

5. A apresentação da proposta pelo licitante implica a declaração de conhecimento e aceitação de todas as condições da presente licitação.

6. Do procedimento

6.1 No dia, hora e local indicados para abertura dos Envelopes contendo a documentação e as propostas, na presença dos interessados e de representantes das empresas que se apresentarem credenciados, a Comissão Julgadora de Licitações procederá à abertura dos "Envelopes n. 1 — Documentação".

6.1.1 A decisão sobre a habilitação ou inabilitação dos licitantes poderá ocorrer no mesmo ato ou em sessão reservada da Comissão Julgadora. Se a decisão ocorrer na mesma sessão, será lavrada a ata respectiva, que substituirá o termo do julgamento.

6.2 Se todos os participantes estiverem presentes à reunião que decidir pela habilitação/inabilitação dos licitantes, através de representante devidamente credenciado com poderes para recorrer ou desistir da interposição de recursos, poderá a Comissão Julgadora decidir pela abertura dos "Envelopes n. 2 — Proposta". Para isso será necessário, porém, que todos os participantes declinem do direito de apresentar recursos contra a habilitação/inabilitação.

6.2.1 Não ocorrendo a abertura dos "Envelopes n. 2" na mesma sessão, o resultado da habilitação bem como a data em que ocorrerá a nova sessão de abertura serão comunicados através do *Diário Oficial* do Estado. Nesse caso, os "Envelopes n. 2" permanecerão fechados em poder da Comissão Julgadora de Licitação.

6.3 Dos atos de abertura dos "Envelopes ns. 1 e 2" serão lavradas atas circunstanciadas, que serão assinadas pelos membros da Comissão Julgadora de Licitação e pelos representantes credenciados presentes às reuniões. As propostas e seus Envelopes também deverão estar rubricados pelos licitantes presentes.

7. Serão desclassificadas as propostas que deixarem de cumprir as exigências deste edital e as que ofertarem preços excessivos ou manifestamente inexeqüíveis. Serão também desclassificadas as propostas que não estiverem acompanhadas, quando solicitado, das amostras dos materiais pretendidos e as que apresentarem amostras diversas e/ou de qualidade inferior àquelas especificadas neste edital.

7.1 Será classificada em 1º (primeiro) lugar a proposta que, tendo atendido a todas as condições do presente instrumento convocatório, apresentar o menor preço.

7.2 *O julgamento será feito por item, considerando-se vencedora(s) a(s) proposta(s) que ofertar(em) o menor preço em cada um dos itens licitados.*

7.3 *Em caso de empate, após obedecido o disposto no inciso II do § 2º do art. 3º da Lei n. 8.666/93, alterada pela Lei n. 8.883/94, haverá sorteio a ser realizado perante os interessados, em ato previamente designado.*

8. Pelo descumprimento das obrigações assumidas o licitante estará sujeito às penalidades previstas na Lei n. 8.666/93, alterada pela Lei n. 8.883/94, e no ... (Decreto, Resolução, Portaria etc.), que fica fazendo parte integrante deste edital.

8.1 Pela inexecução total ou parcial do ajuste a multa será de ... (... por cento) sobre o valor da obrigação não cumprida.

8.2 Pelo atraso injustificado na entrega do objeto do ajuste a contratada incorrerá em multa diária de ... (....por cento) nos primeiros 30 (trinta) dias de atraso e de ... (...por cento) para atraso superior a 30 (trinta) dias.

8.3 A recusa injustificada da adjudicatária em assinar o contrato, aceitar ou retirar o instrumento equivalente dentro do prazo estabelecido pela Administração caracteriza o descumprimento total da obrigação assumida, sujeitando-a à multa de ... (... por cento) sobre o valor da cotação, sem prejuízo das demais cominações legais.

8.4 Poderão ser aplicadas, ainda, as penas de suspensão temporária de participação em procedimento licitatório e impedimento de contratar com a Administração, por prazo não superior a 2 (dois) anos, e de declaração de inidoneidade para licitar ou contratar.

9. Condições básicas da "proposta comercial"

9.1 Prazo para retirada do contrato ou instrumento equivalente: ... (...) dias.

9.2 Prazo de entrega: ... (...) dias corridos, contados do primeiro dia útil seguinte ao da entrega da nota de empenho ao interessado ou da assinatura do contrato, conforme o caso.

10. Do recebimento do objeto licitado

10.1 O objeto desta licitação deverá ser entregue no seguinte endereço, sem custo adicional de frete: ... .

10.2 O material deverá ser entregue em perfeitas condições de funcionamento com garantia contra defeitos de fabricação pelo prazo mínimo de ... (...) dias.

10.3 O objeto da licitação será recebido provisoriamente mediante recibo ou termo circunstanciado.

10.4 O recebimento definitivo do objeto desta licitação será efetuado após conferência e aprovação nos testes de aceite, se for o caso, mediante recibo ou termo circunstanciado.

10.5 O recebimento definitivo não exime a contratada de sua responsabilidade, na forma da lei, pela qualidade, correção e segurança dos bens adquiridos.

11. Prazo de validade da proposta: ... (...) dias corridos, contados do primeiro dia útil seguinte à data em que ocorrer a abertura dos Envelopes contendo as propostas.

12. Condições de pagamento: ... (...) dias corridos, contados do primeiro dia útil seguinte à data da entrega da documentação fiscal completa e do atestado de recebimento do material no protocolo na Seção de Compras da ..., nos termos do ... (Decreto, Portaria etc.), que fica fazendo parte integrante deste edital.

12.1 A contagem do prazo de pagamento terá início e encerramento em dias de expediente na ... (entidade licitadora)....

12.2. A ... emitirá ordem de pagamento a crédito em conta bancária do fornecedor, em agência do Banco a ser indicada à Tesouraria Central — Informações pelo fone ... .

13. Reajuste: os preços propostos pelo vencedor da licitação não serão reajustados.

14. Dos recursos: dos atos da Administração discriminados no art. 109 da Lei n. 8.666/93, alterada pela Lei n. 8.883/94, cabem os recursos ali descritos.

14.1 A interposição de recurso será comunicada aos demais licitantes, que poderão impugná-lo no prazo de 5 (cinco) dias úteis.

14.2 Nenhum prazo de recurso, representação ou pedido de reconsideração se inicia ou corre sem que os autos do processo estejam com vista franqueada ao interessado.

14.3 O recurso poderá ser protocolado no horário das ... horas às ... horas, no endereço: ... .

15. Disposições finais

15.1 Quaisquer esclarecimentos relativos à licitação serão prestados pela Seção de Compras, fone ..., pelo fax ... , no horário das .... às ... horas.

15.2 A Administração poderá proceder ao exame para reconhecimento do nível de desempenho e qualidade dos produtos, bem como solicitar exposição oral e demonstração prática.

15.3 Não serão aceitas propostas que apresentem preço global ou unitário simbólico, irrisório ou de valor zero, incompatíveis com os preços dos insumos e salários de mercado, acrescidos dos respectivos encargos.

15.4 Constitui parte integrante deste instrumento convocatório, conforme o caso:

a) minuta de contrato ou instrumento equivalente (v. art. 62 da Lei n. 8.666/93, e alterações posteriores;

b) modelos, especificações complementares e as normas de execução pertinentes à licitação.

São Paulo, ... de ... de ... .

AUTORIDADE COMPETENTE

MINUTA 2
EDITAL DE TOMADA DE PREÇOS
(COMPRA – FORNECIMENTO CONTÍNUO)

UNIDADE: ...
ENDEREÇO: ...
TOMADA DE PREÇOS N. ...
PROCESSO N. ...

TIPO DE LICITAÇÃO: MENOR PREÇO

Entrega dos envelopes até o dia ..., às ...horas, iniciando-se a abertura dos envelopes às ... horas, no endereço supra.

BASE LEGAL: Lei federal n. 8.666, de 21 de junho de 1993, e alterações posteriores.

1. Objeto da licitação

Aquisição de aproximadamente ... (...) de nitrogênio líquido e locação (ou cessão em comodato) de ... (...) tanques criogênicos com capacidade aproximadamente para ...m³ (metros cúbicos) (líquido) cada um, destinados ao armazenamento do referido produto, até o final do exercício financeiro. Os tanques serão instalados pelo vencedor da licitação, junto ao local ... .

1.1 Incluem-se no objeto acima os serviços necessários ao fornecimento dos sistemas.

1.2 As entregas serão parceladas, realizadas conforme pedidos dos interessados, com periodicidade mínima semanal.

2. Da apresentação dos "Envelopes – Documentação" e "Proposta"

O licitante deverá apresentar até o dia e hora indicados 2 (dois) Envelopes fechados, contendo externamente a razão social da empresa, o número desta licitação e a indicação do número do Envelope, sendo o n. 1 destinado ao "Envelope – Documentação" e o n. 2 ao "Envelope – Proposta".

3. Da habilitação: "Envelope n. 1 – Documentação"

Para participar desta licitação o interessado deverá apresentar a seguinte documentação:

3.1 Certificado de Registro Cadastral expedido pela ...(indicar entidade)..., em plena validade na data da apresentação dos "Envelopes", com classificação em categoria pertinente ao objeto desta licitação e expedido com base na Lei n. 8.666/93, e alterações posteriores.

3.1.1 Juntamente com o Certificado de Registro Cadastral apresentar documento comprobatório de regularidade relativa à Seguridade Social (INSS) e ao Fundo de Garantia por Tempo de Serviço (FGTS), em plena validade na data limite de entrega dos envelopes.

3.2 Alternativamente ao Certificado indicado no subitem anterior, poderá ser apresentado Certificado de Registro Cadastral expedido por qualquer órgão ou entidade da Administração Pública (ou indicar a(s) entidade(s) de preferência), em plena validade e com classificação pertinente ao objeto desta licitação, expedido com base na Lei n. 8.666/93, e alterações posteriores.

3.3 Os licitantes que não puderem atender ao disposto nos subitens 3.1 e 3.2 deverão encaminhar à Comissão Julgadora de Licitações, até o terceiro dia anterior à data do recebimento dos Envelopes, a documentação prevista nos arts. 27 a 31 da Lei n. 8.666/93, alterada pela Lei n. 8.883/94, documentação, essa, que deverá atender a todas as condições exigidas para cadastramento (na entidade licitadora), observada a necessária qualificação.

3.4 Os licitantes são obrigados a declarar a superveniência de fato impeditivo da habilitação. A ausência de declaração nesse sentido será entendida pela Comissão Julgadora como manifestação de inexistência de fato desfavorável ao licitante, ocorrido após a obtenção do Certificado de Registro Cadastral.

3.5 Os documentos de habilitação serão apresentados no original, por qualquer processo de cópia autenticada ou por publicação em órgão de imprensa oficial.

3.5.1 Poderá o licitante apresentar os originais dos documentos acompanhados de cópias para serem autenticadas pela Comissão Julgadora, hipótese em que os originais serão devolvidos aos interessados.

3.6 Serão inabilitados os licitantes que:

a) deixarem de apresentar o CRC ou documentos mencionados no subitem 3.3 nas condições exigidas pelo edital;

b) estiverem sob processo de falência ou concordata;

c) estiverem cumprindo pena de suspensão no âmbito da ...(indicar entidade)...

d) forem declarados inidôneos por ato do Poder Público.

4. "Envelope n. 2 –Proposta"

A proposta deverá ser apresentada de maneira a:

4.1 Não conter rasuras ou emendas em lugar essencial.

4.2 Estar assinada e rubricada em todas as suas vias pelo representante legal, com indicação do cargo por ele exercido na empresa.

4.3 Conter com clareza e sem omissões as especificações do bem ofertado, mencionando marcas e preços unitários e totais, de forma a obedecer à discriminação do objeto da licitação.

4.4 As cotações deverão ser apresentadas em Reais.

4.4.1 Ocorrendo divergência entre os valores unitários e totais, prevalecerão os unitários.

4.5 Informar sobre a existência de impostos sobre o preço de venda, considerando-se como inclusos quando não mencionados.

5. A apresentação da proposta pelo licitante implica a declaração de conhecimento e aceitação de todas as condições da presente licitação.

6. Do procedimento

6.1 No dia, hora e local indicados para abertura dos Envelopes contendo a "Documentação" e as "Propostas", na presença dos interessados e de representantes das empresas que se apresentarem credenciados, a Comissão Julgadora de Licitações procederá à abertura dos "Envelopes n. 1 – Documentação".

6.1.1 A decisão sobre a habilitação ou inabilitação dos licitantes poderá ocorrer no mesmo ato ou em sessão reservada da Comissão Julgadora. Se a decisão ocorrer na mesma sessão, será lavrada a ata respectiva, que substituirá o termo do julgamento.

6.2 Se todos os participantes estiverem presentes à reunião que decidir pela habilitação/inabilitação dos licitantes, através de representante devidamente credenciado com poderes para recorrer ou desistir da interposição de recursos, poderá a Comissão Julgadora decidir pela abertura dos "Envelopes n. 2 – Proposta". Para isso será necessário, porém, que todos os participantes declinem do direito de apresentar recursos contra a habilitação/inabilitação.

6.2.1 Não ocorrendo a abertura dos "Envelopes n. 2" na mesma sessão, o resultado da habilitação bem como a data em que ocorrerá a nova sessão de abertura serão comunicados através do *Diário Oficial* do Estado. Nesse caso, os "Envelopes n. 2" permanecerão fechados em poder da Comissão Julgadora de Licitações.

6.3 Dos atos de abertura dos "Envelopes ns. 1 e 2" serão lavradas atas circunstanciadas, que serão assinadas pelos membros da Comissão Julgadora de Licitações e pelos representantes credenciados presentes às reuniões. As propostas e seus Envelopes também serão rubricados pelos licitantes presentes.

7. Serão desclassificadas as propostas que deixarem de cumprir as exigências deste edital e as que ofertarem preços excessivos ou manifestamente inexeqüíveis. Serão também desclassificadas as propostas que não estiverem acompanhadas, quando solicitado, das amostras dos materiais pretendidos e as que apresentarem amostras diversas e/ou de qualidade inferior àquelas especificadas neste edital.

7.1 Será classificada em 1º (primeiro) lugar a proposta que, tendo atendido a todas as condições do presente instrumento convocatório, apresentar o menor preço.

7.2 Para apuração da proposta mais vantajosa, será considerado: o preço mensal de locação dos 2 (dois) tanques, multiplicado por 12 (doze), somado ao preço por m3 (metro cúbico) do produto, multiplicado por ....

7.3 Em caso de empate, após obedecido o disposto no inciso II do § 2º do art. 3º da Lei n. 8.666/93, alterada pela Lei n. 8.883/94, haverá sorteio, a ser realizado perante os interessados, em ato previamente designado.

8. Pelo descumprimento das obrigações assumidas o licitante estará sujeito às penalidades previstas na Lei n. 8.666/93, alterada pela Lei n. 8.883/94, e na ... (Decreto, Portaria etc.), que fica fazendo parte integrante deste edital.

8.1 Pela inexecução total ou parcial do ajuste a multa será de ... (... por cento) sobre o valor da obrigação não cumprida.

8.2 Pelo atraso injustificado na entrega do objeto do ajuste a contratada incorrerá em multa diária de ... (... por cento) nos primeiros 30 (trinta) dias de atraso e de ... (... por cento) para atraso superior a 30 (trinta) dias.

8.3 A recusa injustificada da adjudicatária em assinar o contrato, aceitar ou retirar o instrumento equivalente dentro do prazo estabelecido pela Administração caracteriza o descumprimento total da obrigação assumida, sujeitando-a à multa de ... (... por cento) sobre o valor da cotação, sem prejuízo das demais cominações legais.

8.4 Poderão ser aplicadas, ainda, as penas de suspensão temporária de participação em procedimento licitatório e impedimento de contratar com a Administração, por prazo não superior a 2 (dois) anos, e de declaração de inidoneidade para licitar ou contratar.

9. Condições básicas da "proposta comercial"

9.1 Prazo para retirada do contrato ou instrumento equivalente: ... (...) dias.

9.2 Prazo de entrega e início do fornecimento: em ... (...) dias corridos, contados do primeiro dia útil seguinte ao da entrega da nota de empenho ao interessado ou da assinatura do contrato, conforme o caso.

10. Do recebimento do objeto licitado

10.1 O objeto desta licitação deverá ser entregue nos seguintes endereços, sem custo adicional de frete: ... .

10.2 O objeto da licitação será recebido provisoriamente mediante recibo ou termo circunstanciado.

10.3 O recebimento definitivo do objeto desta licitação será efetuado após conferência e aprovação nos testes de aceite, se for o caso, mediante recibo ou termo circunstanciado.

10.4 O recebimento definitivo não exime a contratada de sua responsabilidade, na forma da lei, pela qualidade, correção e segurança dos bens adquiridos.

11. Prazo de validade da proposta: ... (...) dias corridos, contados do primeiro dia útil seguinte à data em que ocorrer a abertura dos Envelopes contendo as propostas.

12. Condições de pagamento: ... (...) dias corridos, contados do primeiro dia útil seguinte à data da entrega da documentação fiscal completa e do atestado de recebimento definitivo do material ou serviço no protocolo da ..., nos termos do ... (Decreto, Portaria etc.), que fica fazendo parte integrante deste edital.

12.1 A contagem do prazo de pagamento terá início e encerramento em dias de expediente na ...(entidade licitadora)... .

12.2 A ... emitirá ordem de pagamento a crédito em conta bancária do fornecedor, em agência do Banco, a ser indicada à Tesouraria Central – Informações pelo telefone ... .

13. Do reajustamento dos preços: os preços não sofrerão reajuste.

14. Dos recursos: dos atos da Administração discriminados no art. 109 da Lei n. 8.666/93 cabem os recursos ali descritos.

14.1 A interposição de recurso será comunicada aos demais licitantes, que poderão impugná-lo no prazo de 5 (cinco) dias úteis.

14.2 Nenhum prazo de recurso, representação ou pedido de reconsideração se inicia ou corre sem que os autos do processo estejam com vista franqueada ao interessado.

14.3 O recurso poderá ser protocolado no horário das ... às ... horas no seguinte endereço: ... .

15. Disposições finais

15.1 Quaisquer esclarecimentos relativos à licitação serão prestados pela Seção ... , pelos telefones ..., pelo fax ..., no horário das ... às ... horas.

15.2 A Administração poderá proceder ao exame para reconhecimento do nível de desempenho e qualidade dos produtos, bem como solicitar exposição oral e demonstração prática.

15.3 Não serão aceitas propostas que apresentem preço global ou unitário simbólico, irrisório ou de valor zero, incompatíveis com os preços dos insumos e salários de mercado, acrescidos dos respectivos encargos.

15.4 Constitui parte integrante deste instrumento convocatório a minuta de contrato.

São Paulo, ... de ... de ... .

AUTORIDADE COMPETENTE

MINUTA 3

PROCESSO N. ...

CONTRATO CELEBRADO ENTRE ... E A EMPRESA ... PARA AQUISIÇÃO DE NITROGÊNIO LÍQUIDO E LOCAÇÃO (OU CESSÃO EM COMODATO) DE RESERVATÓRIOS DO GÁS

Aos ... dias do mês de ... do ano de mil novecentos e noventa e cinco, de um lado ..., através da ..., CGG n. ..., com endereço na rua ..., representada neste ato pelo seu ..., nos termos da Portaria n. ..., doravante denominada CONTRATANTE, e, de outro lado, a empresa ..., sob CGC n. ..., com sede à Rua ..., n. ..., representada por ..., portador do RG n. ..., doravante denominada CONTRATADA, é firmado o presente contrato para compra (fornecimento contínuo) de nitrogênio líquido e locação (ou cessão em comodato) de reservatórios do gás, com respectivas linhas de serviço, na forma disposta na Cláusula Primeira deste contrato, fundamentado no art. 23, inciso II, alínea "b", e demais disposições contidas na Lei n. 8.666, de 21 de junho de 1993, com as modificações posteriores (e Portarias, Decretos etc.) e de acordo com as cláusulas seguintes:

Cláusula Primeira – Do objeto

A CONTRATADA obriga-se a fornecer à CONTRATANTE nitrogênio líquido, através de carros-tanques especiais, sendo o produto descarregado e armazenado em dois reservatórios de sua propriedade, localizados em ... . As entregas serão efetuadas conforme as necessidades da Unidade, sendo que o consumo total está estimado em ...m^3 (metros cúbicos), a serem distribuídos em 2 (dois) tanques instalados junto ao ... .

Parágrafo único. Consideram-se parte integrante do presente contrato, como se nele estivessem transcritos, os documentos a seguir relacionados, os quais neste ato as Partes declaram conhecer e aceitar:

a) Edital de Tomada de Preços n. .../...;

b) Proposta n. ..., apresentada na licitação pela CONTRATADA, datada de ..., cujas disposições prevalecem naquilo que não contrariam as cláusulas contratuais;

c) Portaria (ou Decreto) ... .

Cláusula Segunda – Do fornecimento

A CONTRATADA compromete-se a assegurar o fornecimento durante a vigência deste contrato nos dias úteis e nas emergências da CONTRATANTE, salvo em caso de acontecimento independente de sua vontade, como greves, perturbações da ordem, interrupção do fornecimento de energia elétrica e força maior, casos em que a CONTRATADA poderá reduzir ou interromper o fornecimento normal.

Cláusula Terceira – Da responsabilidade da Contratada

1. A CONTRATADA, além do fornecimento parcelado, automático e de emergência de nitrogênio, é responsável pela assistência técnica e manutenção de suas instalações mantidas na CONTRATANTE, em locação.

2. Durante o prazo de vigência deste contrato, a CONTRATADA obrigar-se-á a observar rigorosamente as condições estabelecidas nas cláusulas do presente contrato.

3. A CONTRATADA obrigar-se-á por quaisquer danos ou prejuízos causados ao patrimônio da CONTRATANTE, por pessoas ou equipamentos sob sua responsabilidade, ressarcindo-a, impreterível e inquestionavelmente, no prazo de 10 (dez) dias úteis do recebimento da comunicação escrita.

Cláusula Quarta – Da vigência do contrato

O presente contrato vigorará de sua assinatura até o final do exercício financeiro.

Cláusula Quinta – Do valor e dos recursos

O valor do presente contrato, na base mensal, é de R$ ... (...). O valor total estimado do contrato para o período é de R$ ... (...). A despesa onerará o Subelemento Econômico ... – Diversos Serviços e Encargos e ... – Outros Materiais de Consumo, do orçamento da CONTRATANTE, de conformidade com o disposto no § 1º do art. 12 da Lei n. 10.320, de 16 de dezembro de 1968, observada a seguinte distribuição:

COMPOSIÇÃO DOS PREÇOS	Ano
Valor do Fornecimento R$ ...	
Locação dos Tanques Criogênicos R$ ...	
TOTAL GERAL R$ ...	

Cláusula Sexta – Das condições de pagamento

1. O pagamento será efetuado por período vencido (mensal), no prazo de ... (...) dias, contados do primeiro dia útil seguinte à entrega da documentação fiscal completa (nota fiscal e fatura) e atestado de recebimento do material no protocolo da CONTRATANTE. A ordem de pagamento será emitida pela Tesouraria Central da ..., a favor da CONTRATADA, em agência do Banco ... a ser indicada pela CONTRATADA.

Parágrafo primeiro. A contagem do prazo de pagamento terá início e encerramento em dias de expediente na Administração.

Parágrafo segundo. Havendo divergência ou erro na emissão da documentação fiscal, será interrompida a contagem do prazo para fins de pagamento, sendo iniciada nova contagem somente após a regularização da documentação fiscal.

Cláusula Sétima – Da garantia

A CONTRATADA apresenta, no ato da assinatura deste instrumento, prestação de garantia, equivalente a 5% (cinco por cento) do valor do contrato, na importância de R$ ... (...), que fica depositada como garantia do fiel cumprimento da execução do contrato, nos termos do art. 56 da Lei n. 8.666/93, e alterações posteriores.

Parágrafo primeiro. A garantia a que se refere o *caput* desta cláusula será liberada ou restituída após a execução do contrato, ou, facultativamente, na proporção do seu cumprimento.

Parágrafo segundo. Na hipótese de a garantia ser apresentada nas modalidades títulos da dívida pública, seguro-garantia ou fiança bancária, a qualquer tempo a CONTRATANTE poderá, caso seu teor ou origem evidenciar qualquer impropriedade ou incorreção, exigir sua regularização ou substituição no prazo de 5 (cinco) dias úteis da data da intimação.

Parágrafo terceiro. A falta de atendimento à convocação para regularização ou substituição da garantia na forma e prazo especificados no parágrafo anterior sujeitará a CONTRATADA às penalidades previstas na Cláusula Nona deste ajuste, sem prejuízo da rescisão do contrato por inadimplemento.

Cláusula Oitava – Do reajuste

Os valores constantes deste contrato não serão reajustados.

Cláusula Nona – Das penalidades

Pelo descumprimento das obrigações assumidas ou qualquer outra irregularidade a CONTRATANTE poderá aplicar à CONTRATADA as sanções previstas no art. 87 da Lei n. 8.666/93, e alterações posteriores e no ... (Decreto, Portaria etc.), que fica fazendo parte integrante deste contrato.

Parágrafo primeiro. Pela inexecução total ou parcial do ajuste a multa será de ... (... por cento) sobre o valor da obrigação não cumprida, sem prejuízo da rescisão do contrato e da cominação das demais penalidades previstas na lei.

Parágrafo segundo. Será aplicada a pena de multa de mora pelo atraso injustificado no cumprimento dos prazos fixados no contrato.

A multa de mora será calculada progressivamente e cumulativamente sobre o valor ajustado da obrigação, nos seguintes percentuais:

a) nos atrasos de até 30 (trinta) dias a multa será de ... (...por cento) ao dia;

b) nos atrasos superiores a 30 (trinta) dias a multa será de ... (... por cento) ao dia.

Parágrafo terceiro. Poderão ser aplicadas, ainda, as penas de suspensão temporária de participação em procedimento licitatório e impedimento de contratar com a Administração, por prazo não superior a 2 (dois) anos, e de declaração de inidoneidade para licitar ou contratar.

Cláusula Décima – Da rescisão

A falta de cumprimento das obrigações assumidas no presente contrato ou a incidência de comportamento descrito no art. 78 da Lei n. 8.666/93, e alterações posteriores, dará direito à CONTRATANTE de rescindir, unilateralmente, o contrato, independentemente de interpelação judicial, sendo aplicáveis, ainda, os arts. 79 e 80 da mesma lei, em sendo inadimplente a CONTRATADA.

Cláusula Décima-Primeira – Foro do contrato

Fica eleito o foro da comarca da Capital do Estado de São Paulo, com renúncia expressa de qualquer outro, por mais privilegiado que seja, para toda e qualquer ação oriunda deste ajuste e que não possa ser resolvida de comum acordo entre as Partes.

E, por assim estarem de justas e contratadas, as Partes assinam o presente contrato.

São Paulo, ... de ... de ... .

p/**CONTRATANTE**

p/**CONTRATADA**

Testemunhas:

MINUTA 4
(CONVITE)
(PERMISSÃO DE USO PARA FINS DE EXPLORAÇÃO DE SERVIÇOS REPROGRÁFICOS)

UNIDADE: ...
ENDEREÇO: ...
CONVITE N. ....
PROCESSO N. ...

TIPO DE LICITAÇÃO: MAIOR LANCE OU OFERTA

Entrega dos envelopes até o dia ... de ... de ..., às ...h, no endereço acima, iniciando a abertura dos mesmos às ...h do mesmo dia.

Através da presente Carta-Convite essa Empresa está convidada a participar da licitação acima referida, regida pela Lei n. 8.666, de 21 de junho de 1993, e alterações posteriores.

Constituem parte integrante desta Carta-Convite os documentos anexos, que contêm normas e condições a serem observadas, *inclusive a planta/croqui da área objeto da presente permissão de uso.*

AUTORIDADE COMPETENTE

À Empresa: ...

ANEXO AO CONVITE N. ...

1. Objeto da licitação

Permissão de uso de área de propriedade da ... (entidade pública), localizada na ..., medindo ...m^2 (metros quadrados) por ...m^2 (metros quadrados) (área total de ...m^2), conforme planta/croqui constante do Processo n. ..., fls. ..., destinada à exploração de serviços reprográficos, com instalação de máquinas copiadoras, nos termos da minuta do termo de permissão de uso em anexo, que fica fazendo parte integrante da presente Carta-Convite.

2. Das condições de apresentação dos Envelopes

2.1 Os "Envelopes – Documentação" e "Proposta" deverão ser apresentados em separado, fechados, contendo externamente nome da firma, número do convite, data e hora do prazo do encerramento de entrega dos Envelopes.

2.2 Os "Envelopes – Documentação" deverão conter cópia xerox autenticada do CGC (não vencido) e do Contrato Social e alterações (devidamente registrados perante a Junta Comercial).

2.2.1 Os documentos necessários à habilitação poderão ser apresentados em original, por qualquer processo de cópia autenticada por cartório competente ou por servidor da Administração, ou publicação em órgão da imprensa oficial.

2.3 "Envelopes – Proposta":

2.3.1 A proposta deverá ser datilografada sem emendas e rasuras, assinada e rubricada em todas as suas vias pelo representante legal, com indicação do cargo por ele exercido.

2.3.2 Além de não conter rasuras ou emendas em lugar essencial, a proposta deverá indicar com clareza e sem omissões:

2.3.2.1 Os equipamentos a que se refere o objeto, indicados nas propostas com as devidas especificações, as quais deverão obedecer aos seguintes requisitos:

a) tiragem mínima de ... (...) cópias por minuto;

b) idade de fabricação não superior a ... (...) anos;

c) seleção de cópias e serviços de reprodução gráfica.

2.4 A licitante deverá declarar que se sujeita a todas as condições do edital.

2.5 A taxa de ressarcimento mensal, expressa em cópias, nunca será inferior a ... (...) cópias.

2.5.1 O total de cópias não utilizado no mês pela contratante será computado no cálculo das cópias a ser creditado no mês seguinte.

2.6 O preço por cópia, a ser cobrado dos usuários, não poderá ser superior ao praticado no ... .

2.7 A apresentação da proposta pela licitante implica a declaração de conhecimento e aceitação de todas as condições da presente licitação.

2.8 Não poderão participar desta licitação empresas que forem declaradas inidôneas por qualquer órgão ou entidade da Administração ou que estejam cumprindo pena de suspensão no âmbito da contratante.

3. Do procedimento para abertura dos Envelopes

3.1 No mesmo dia e local indicados para a apresentação dos Envelopes contendo a documentação e as propostas, às ... horas, na presença de interessados e de representantes das empresas que se apresentarem credenciados, a Comissão Julgadora de Licitação procederá à abertura dos "Envelopes n. 1 – Documentação", devendo decidir se habilitará e/ou inabilitará as licitantes nesse mesmo ato, ou tomará essa providência em sessão reservada.

3.2 A abertura dos "Envelopes n. 2 – Proposta Comercial" somente ocorrerá, em ato contínuo à abertura dos Envelopes n. 1, caso todas as licitantes estejam presentes, através de representantes devidamente credenciados, com poderes para recorrer ou desistir da interposição de recursos, desde que a Comissão Julgadora de Licitação decida realizar a habilitação e inabilitação de licitantes neste mesmo ato. Neste caso é absolutamente necessário que todas as licitantes declinem expressamente do direito de apresentar recurso contra a habilitação de suas representadas e de seus concorrentes, consignando as manifestações e as decisões em ata.

3.3 Não ocorrendo a hipótese prevista no item anterior, a Comissão Julgadora de Licitação, através da publicação no *Diário Oficial*, comunicará às licitantes o resultado da habilitação, bem como a data em que ocorrerá a nova sessão de abertura dos "Envelopes n. 2 – Proposta Comercial". No caso, esses Envelopes permanecerão fechados, em poder da Comissão Julgadora de Licitação.

3.4 A Comissão Julgadora de Licitação expedirá dois termos de julgamento, sendo um relativo ao exame da documentação e outro para as propostas comerciais. Quando o exame da habilitação for realizado no ato de abertura dos Envelopes n. 1, a ata lavrada nesta circunstância substituirá o termo de julgamento dos documentos de habilitação.

3.5 Dos atos de abertura dos Envelopes n. 1 e n. 2 serão lavradas atas circunstanciadas, que serão assinadas pelos membros da Comissão Julgadora de Licitação e pelos representantes credenciados presentes às reuniões. As propostas e seus Envelopes também deverão estar rubricados pelos interessados presentes.

4. Serão desclassificadas as propostas que deixarem de cumprir as exigências deste Convite e as que ofertarem vantagens baseadas nas ofertas das demais licitantes, e as manifestamente inexeqüíveis.

4.1 Será classificada em 1º (primeiro) lugar a proposta que, tendo atendido a todas as condições do presente instrumento convocatório, apresentar a maior quantidade de cópias como taxa de ressarcimento pelo uso.

4.2 O resultado será afixado no mesmo local destinado à apresentação das propostas durante 2 (dois) dias úteis bem como comunicado aos participantes por meio de carta, telex, fac-símile ou telegrama.

4.3 Em caso de empate, após obedecido o disposto no inciso II do § 2º do art. 3º da Lei n. 8.666/93, alterada pela Lei n. 8.883/94, haverá sorteio a ser realizado perante os interessados, em ato previamente designado.

5. Penalidades: pelo descumprimento das obrigações assumidas, a licitante estará sujeita às penalidades previstas no ... (Decreto, Portaria etc.), que fica fazendo parte integrante deste Convite.

5.1 Pela inexecução total ou parcial do ajuste a multa será de 20% (vinte por cento) sobre a obrigação não cumprida.

5.2 Pelo atraso injustificado na execução do ajuste a permissionária incorrerá em multa diária de 0,2% (dois décimos por cento) nos primeiros 30 (trinta) dias de atraso e de 0,4% (quatro décimos por cento) para atraso superior a 30 (trinta) dias.

5.3 A recusa injusta da adjudicatária em assinar o contrato, aceitar ou retirar o instrumento equivalente dentro do prazo estabelecido pela Administração caracteriza o descumprimento total da obrigação assumida, sujeitando-a à multa de 20% (vinte por cento) sobre o valor da proposta, sem prejuízo das demais cominações legais.

5.4 Poderão ser aplicadas, ainda, as penas de suspensão temporária de participação em procedimento licitatório e impedimento de contratar com a Administração por prazo não superior a 2 (dois) anos e de declaração de idoneidade para licitar ou contratar.

5.5 Se a adjudicatária aumentar o preço da cópia de modo a ficar incompatível com o preço praticado pela ..., o termo de permissão será rescindido.

6. Condições de participação: poderão participar desta licitação, além das empresas convidadas pela Administração, aquelas que manifestarem interesse por escrito até 24 (vinte e quatro) horas antes da data mercada para apresentação das propostas, juntando cópia do Certificado de Registro Cadastral.

6.1 A possibilidade mencionada acima é limitada às empresas cadastradas na ... ou em outro órgão ou entidade da Administração Pública, cujo CRC esteja em plena validade na data marcada para apresentação das propostas e tenha sido expedido com base na Lei n. 8.666/93, e alterações posteriores.

6.2 Qualquer irregularidade constatada no referido Certificado motivará o indeferimento do pedido de retirada da Carta-Convite.

7. Condições básicas da "proposta comercial"

7.1 Prazo para retirada do contrato ou instrumento equivalente: ... (...) dias úteis.

7.2 Prazo de validade da proposta: 30 (trinta) dias corridos, contados do primeiro dia útil seguinte à data em que ocorrer a abertura dos Envelopes contendo as propostas.

7.3 A licitante, ao participar do presente procedimento, fica desde já ciente de que lhe será exigida no ato da assinatura do termo de permissão prova de regularidade relativa à Seguridade Social (INSS) e ao Fundo de Garantia do Tempo de Serviço (FGTS), bem como cópia da carteira de trabalho, concernente aos seus funcionários, com prazo de validade em vigor. A não apresentação dos documentos comprobatórios implicará a aplicação das sanções previstas nesta Carta-Convite por descumprimento total do ajuste, além do ressarcimento à ... pelas despesas com a instauração do presente certame.

8. Do pagamento

8.1 A taxa de ressarcimento mensal a cargo da permissionária será paga através do fornecimento de cópias reprográficas, no total de ... (...) ao mês.

8.2 Quando a quantidade de cópias utilizadas no mês pela contratante não alcançar o total acima, a diferença ficará como crédito para o mês seguinte, e assim sucessivamente.

9. *Da vigência do prazo*: o prazo da permissão de uso será de 12 (doze) meses, a vigorar a partir da data de assinatura do respectivo termo, sendo prorrogável de comum acordo entre as partes, por igual ou menor período, até o limite de 5 (cinco) anos.

10. *Dos recursos*: dos atos da Administração discriminados no art. 109 da Lei n. 8.666/93, alterada pela Lei n. 8.883/94, cabem os recursos ali descritos, no prazo de 2 (dois) dias úteis.

10.1 A interposição de recurso será comunicada às demais licitantes, que poderão impugná-lo no prazo de 2 (dois) dias úteis.

10.2 Nenhum prazo de recurso, representação ou pedido de reconsideração se inicia ou corre sem que os autos do processo estejam com vista franqueada ao interessado.

10.3 O recurso poderá ser protocolado no horário das .... às ... horas no seguinte endereço: ... .

11. Disposições finais

11.1 A permitente reservar-se-á o direito de fiscalizar mensalmente o cumprimento das obrigações trabalhistas, previdenciárias, comerciais e fiscais a cargo da permissionária, exigindo, se assim entender, a comprovação do pagamento de salários e demais obrigações decorrentes, sem prejuízo do controle de outras condições operacionais contratualmente estabelecidas.

11.2 A permissionária obrigar-se-á pelos encargos trabalhistas, previdenciários, comerciais, fiscais e outros, se existirem, sem quaisquer ônus para a contratante, e, ainda, a apresentar a carteira profissional dos funcionários que prestarão serviços, com o registro do contrato de trabalho, bem como a comprovar o recolhimento dos encargos trabalhistas e previdenciários.

11.3 Quaisquer esclarecimentos relativos à licitação serão prestados pelo Setor ..., no telefone ..., fax ..., no horário das ... às ... horas.

DIRETOR

MINUTA 5

PROCESSO N. ...

TERMO DE PERMISSÃO DE USO PARA FINS DE EXPLORAÇÃO DE SERVIÇOS REPROGRÁFICOS (DECORRENTE DE LICITAÇÃO)

Aos ... dias do mês de ... do ano de ..., de um lado ..., através da ..., inscrita no CGC/MF sob n. ..., localizada na Rua ..., representada pelo ... (nome e qualificação), conforme autorização constante do Processo n. ..., fls. ..., doravante denominada PERMITENTE, e, de outro lado, a empresa ..., inscrita no CGC/MF sob n. ..., com sede nesta Capital, na Rua ..., neste ato representada por seu diretor ... (nome e qualificação), doravante denominada PERMISSIONÁRIA, firmam o presente termo de permissão de uso, sujeitando-se às disposições da Lei n. 8.666, de 21 de junho de 1993, alterada pela Lei n. 8.883, de 8 de junho de 1994, e mediante as condições adiante estipuladas.

Cláusula Primeira – Do objeto

A PERMITENTE, na qualidade de proprietária da área de ... (...x ...), localizada na área ..., esta constante da planta integrante deste instrumento, permite o seu uso para a PERMISSIONÁRIA no intuito de que esta explore serviços reprográficos, mediante a utilização dos seguintes equipamentos:

– 1 (uma) máquina de xerox;

– 1 (uma) guilhotina;

– 1 (um) grampeador semi-industrial;

– *(poderão ser previstos outros equipamentos)*.

Parágrafo único. Consideram-se integrantes do presente termo, como se nele estivessem transcritos, os documentos a seguir relacionados, os quais neste ato as Partes declaram conhecer e aceitar:

a) Carta-Convite n. ...;

b) Proposta n. ...;

c) Planta/croqui constante do Processo n. ..., de fls. ... .

Cláusula Segunda – Da vigência do termo

O prazo do presente termo de permissão de uso é de 12 (doze) meses, a vigorar a partir da data de sua assinatura, prorrogáveis de comum acordo entre as Partes, por igual ou menor período, até o limite de 5 (cinco) anos.

Cláusula Terceira – Da condição de pagamento

Fica instituída a taxa de ressarcimento mensal, expressa em cópias na quantidade de ... (...) mensais.

(Obs.: A taxa de ressarcimento ou administrativa poderá ser estabelecida em pecúnia. Neste caso, critérios de reajuste deverão ser fixados em decorrência da política econômica federal.) (V. itens 12 a 14 do Memorial anexo à Minuta 6, de convite de concessão de uso para fins de exploração de serviços de lanchonete proposta na presente publicação.).

Parágrafo único. Quando a quantidade de cópias não atingir ... (...), a diferença ficará como crédito para o mês seguinte, e assim sucessivamente.

Cláusula Quarta – Da responsabilidade da Permissionária

A PERMISSIONÁRIA poderá efetuar no referido local, às suas custas, todas as adaptações necessárias à perfeita instalação e funcionamento, desde que não altere a estrutura dos locais e desde que as modificações sejam previamente submetidas à autorização da PERMITENTE.

A PERMISSIONÁRIA obrigar-se-á:

a) salvo as obras que importem a segurança do prédio, por todas as outras, devendo trazer o imóvel cedido sempre em bom estado de conservação e funcionamento, para assim restituí-lo quando do término do prazo, sem direito a retenção ou indenização por quaisquer benfeitorias, ainda que necessárias e devidamente autorizadas, as quais ficarão desde logo incorporadas ao imóvel;

b) a não transferir este termo nem emprestar o imóvel no todo ou em parte sem prévio consentimento por escrito da PERMITENTE;

c) a desde já facultar à PERMITENTE examinar ou vistoriar o imóvel cedido, quando esta entender conveniente;

d) a não fazer no imóvel modificações ou transformações sem autorização prévia e escrita da PERMITENTE;

e) a colocar à disposição dos usuários bons serviços e padrões, além de preços sempre inferiores aos praticados pela ...;

f) a manter preços sempre inferiores aos praticados pela ..., caso contrário o termo será rescindido, e não serão aplicadas as penalidades previstas na Cláusula Quinta;

g) a PERMISSIONÁRIA não poderá usar o nome da PERMITENTE para aquisição de bens ou produtos, não se responsabilizando a

PERMITENTE de forma alguma pelas obrigações assumidas pela PERMISSIONÁRIA perante terceiros;

h) a PERMISSIONÁRIA obriga-se a utilizar as áreas cedidas única e exclusivamente para fins de instalações de serviços de xerografia e reprografia, com horário de atendimento ao público das 8:00 às 18:00h, de segunda a sexta-feira;

i) fora do horário acima estabelecido, a PERMISSIONÁRIA deverá obter autorização expressa da PERMITENTE para seu funcionamento;

j) a manter um número de empregados necessários ao atendimento dos usuários desses serviços;

k) deverá manter também, à testa dos serviços, representante ou preposto idôneo, que a represente integralmente em todos os seus atos;

l) a PERMISSIONÁRIA só poderá utilizar-se de empregados e representantes devidamente credenciados nos livros competentes, obrigando-se pelos encargos trabalhistas, previdenciários, fiscais, comerciais e outros, se existirem, bem como pelo seguro para garantia de pessoas e equipamentos sob sua responsabilidade;

m) a PERMISSIONÁRIA responsabilizar-se-á pela idoneidade moral de seus empregados destacados para o atendimento dos serviços de que trata o presente termo, bem como determinará aos mesmos que se atenham, no que couber, à disciplina vigente nesta ...;

n) a PERMISSIONÁRIA obrigar-se-á por quaisquer danos ou prejuízos causados ao patrimônio da PERMITENTE por pessoas ou equipamentos sob sua responsabilidade, ressarcindo-os, impreterivelmente e inquestionavelmente, no prazo de 10 (dez) dias úteis do recebimento da comunicação escrita;

o) a PERMISSIONÁRIA deverá comunicar, por escrito e de imediato, qualquer irregularidade que, ocorrida no serviço, seja atribuída a terceiros;

p) durante o prazo de vigência do termo a PERMISSIONÁRIA obrigar-se-á a observar rigorosamente as condições nele estabelecidas;

q) a PERMISSIONÁRIA deverá afixar em local visível aos usuários a lista de preços, que deverá ser rigorosamente cumprida;

r) a PERMISSIONÁRIA não poderá transferir ou subcontratar total ou parcialmente os serviços, utilizar o local para fins particulares, bem como colocar materiais ou equipamentos fora da área que lhe for reservada;

s) serão de responsabilidade da PERMISSIONÁRIA os cuidados exigidos para cópia do acervo no que tange à preservação do material;

t) as despesas relativas a água, energia elétrica e de telefone (se for instalado) correrão por conta da PERMISSIONÁRIA, sendo pagas de acordo com o indicado nos medidores instalados no local e em valor a ser apurado pela Seção ... até o 10º (décimo) dia corrido após a apresentação da conta, bem como as despesas de conservação ou reformas eventualmente necessárias. O não pagamento de qualquer despesa aqui referida resultará no direito à PERMITENTE de rescindir de imediato o termo, além de poder aplicar as penalidades da Cláusula Quinta;

u) a PERMISSIONÁRIA obrigar-se-á pelos encargos trabalhistas, previdenciários, comerciais, fiscais e outros, se existirem, sem quaisquer ônus para a PERMITENTE, e, ainda, a apresentar a carteira profissional dos funcionários que prestarão serviços, com o registro do contrato de trabalho, bem como a comprovar o recolhimento dos encargos trabalhistas e previdenciários.

Cláusula Quinta – Das penalidades

A inexecução total ou parcial do ajuste ensejará à Administração aplicar ao faltoso a multa de 20% (vinte por cento) sobre a obrigação não cumprida, podendo ser aplicadas, ainda, quando couber, as demais multas previstas no Convite e na ... (Decreto, Portaria etc.).

Poderão ser aplicadas também as penas de suspensão temporária de participação em procedimento licitatório e de impedimento de contratar com a Administração, por prazo não superior a 2 (dois) anos, e de declaração de inidoneidade para licitar ou contratar.

Cláusula Sexta – Da rescisão do termo

A falta de cumprimento por parte da PERMISSIONÁRIA de qualquer das obrigações assumidas neste termo bem como a ocorrência do comportamento descrito no art. 78 da Lei federal n. 8.666/93 (e alterações posteriores) implicarão a rescisão do presente termo, aplicando-se os arts. 79 e 80 da referida lei em sendo inadimplente a PERMISSIONÁRIA.

Uma vez notificada, a PERMISSIONÁRIA terá que devolver o imóvel com seus pertences à PERMITENTE, inclusive com todas as benfeitorias porventura realizadas pela PERMISSIONÁRIA, sem que a esta caiba o direito a qualquer indenização, restituição ou compensação pelas benfeitorias realizadas no imóvel.

Cláusula Sétima – Da fiscalização

A PERMITENTE reserva-se o direito de fiscalizar mensalmente o cumprimento das obrigações trabalhistas, previdenciários, comerciais e fiscais a cargo da PERMISSIONÁRIA, exigindo, se assim entender, a comprovação de pagamento de salários e demais obrigações decorrentes, sem prejuízo do controle de outras condições operacionais contratualmente estabelecidas.

Cláusula Oitava – Do foro

É competente o foro da comarca da Capital do Estado de São Paulo para dirimir as dúvidas oriundas da presente permissão.

E, por estarem assim aceitos e ajustados, firmam o presente instrumento em 3 (três) vias de igual teor, na presença de testemunhas abaixo, para os devidos efeitos de direito.

São Paulo, ... de ... de ... .

p/**PERMITENTE**

p/**PERMISSIONÁRIA**

Testemunhas:

MINUTA 6
(CONVITE)
(CONCESSÃO DE USO PARA FINS DE EXPLORAÇÃO DE SERVIÇOS DE LANCHONETE)

UNIDADE: ...
ENDEREÇO: ...
CONVITE N. .../95
PROCESSO N. ...

TIPO DE LICITAÇÃO: MAIOR LANCE OU OFERTA

Acha-se aberto na ... o Convite de Preços n. .../..., regido pela Lei n. 8.666, de 21 de junho de 1993, e alterações posteriores.

Os Envelopes contendo as propostas deverão ser entregues na Seção ..., endereço ..., até as ... horas do dia .../.../... . A abertura dos Envelopes terá início às ...h do mesmo dia, na sala ... .

Poderão participar desta licitação, além das empresas convidadas pela Administração, aquelas que manifestarem interesse através de correspondência, apresentada até 24 (vinte e quatro) horas antes da data final marcada para a apresentação das propostas, juntamente com cópia do Certificado do Registro Cadastral em plena validade e que tenha sido expedido com base na Lei 8.n. 666/93, e alterações posteriores.

Qualquer irregularidade constatada no referido Certificado motivará o indeferimento do pedido de retirada da Carta-Convite.

1. Do objeto da licitação

1.1 Concessão de uso de área medindo ...m² (metros quadrados) x ...m² (metros quadrados) (área total de ...m²), descrita na planta/croqui, constante a fls ... do Processo n. ..., que passa a fazer parte integrante do presente instrumento, para a exploração dos serviços de LANCHONETE CATEGORIA A nas dependências do prédio da ..., para o fornecimento de lanches e bebidas prontas, desde que não exijam nenhum preparo no local e cujo consumo seja rápido e não necessite talheres; poderão ser servidos refrigerantes de máquina, café (máquina), leite, doces e frutas. Só será permitida a utilização de descartáveis. Deve dispor de área de conservação e distribuição, vestiários e WC de funcionários (os dois últimos não necessariamente contíguos à instalação). Quanto a equipamentos, só poderá dispor de vitrina aquecida, cafeteira, salsicheira, sanduicheira, *freezers*, refresqueira, geladeira, *post-mix* (máquina para refrigerantes), vitrina refrigerada, sorveteria, *mix*, vitrine para balas e doces.

Os alimentos a serem oferecidos pela LANCHONETE deverão vir prontos ou semiprontos, somente aquecidos, resfriados ou mantidos quentes e servidos preferencialmente em embalagens e copos descartáveis.

1.2 Equipe administrativa e técnica composta, no mínimo, dos seguintes funcionários:

– 1 (um) caixa;

– 1 (um) balconista.

1.3 Utilização, no mínimo, dos seguintes equipamentos e materiais:

– máquina de café expresso;

– forno de microondas;

– mini-*freezer*;

– máquina de refrigerantes;

– *(os itens acima poderão ser diminuídos ou ampliados).*

2. Das condições de apresentação dos Envelopes

2.1 Os "Envelopes – Documentação" e "Proposta" deverão ser apresentados em separado, fechados, contendo, externamente, o nome da firma, número do Convite, data e hora do prazo de encerramento de entrega dos Envelopes.

2.2 O "Envelope – Documentação deverá conter cópia autenticada do cartão do CGC (não vencido) e do Contrato Social e alterações (devidamente registrados na Junta Comercial).

2.2.1 Os documentos necessários à habilitação poderão ser apresentados em original, por qualquer processo de cópia autenticada por cartório competente ou por servidor da Administração, ou publicação em órgão da imprensa oficial.

2.3 O "Envelope – Proposta" deverá conter caderno-proposta, declaração de sujeição aos termos do Convite e valor da taxa de administração a ser paga mensalmente, obedecido o item 12 do MEMORIAL. Todos os documentos deverão ser datados e assinados pelo representante legal da empresa, com indicação do cargo por ele exercido.

2.4 O caderno-proposta deverá ser preenchido juntamente com a declaração da empresa de que se sujeita a todas as condições do edital, podendo ser elaborado em impresso próprio da empresa; todas as folhas deverão ser rubricadas.

Comporão o caderno-proposta:

– lista pormenorizada das variações dos itens comestíveis (I);

– relação dos equipamentos e utensílios (II);
– relação do número de empregados (III);
– taxa de administração proposta (IV).

3. Da abertura dos Envelopes

3.1 No dia, hora e local marcados, na presença das licitantes ou representantes que comparecerem, a Comissão Julgadora procederá à abertura dos Envelopes.

3.2 A documentação e as propostas serão rubricadas pelas licitantes ou representantes presentes na reunião e pelos membros da Comissão Julgadora.

3.3 Do fato de abertura dos Envelopes será lavrada ata circunstanciada, que será assinada pelos membros da Comissão Julgadora e pelas licitantes ou representantes credenciados presentes à reunião.

3.4 Serão inabilitadas as empresas que não atenderem aos requisitos quanto à documentação (Envelope n. 1) e desclassificadas as empresas que não atenderem às condições deste Convite, inclusive quanto às condições da proposta (Envelope n. 2).

4. Do critério de julgamento das propostas

4.1 Esta licitação é do tipo MELHOR LANCE ou OFERTA, sendo considerada vencedora a empresa previamente habilitada que cotar a maior taxa administrativa e demonstrar possuir condições de cumprir o objeto.

4.2 Serão desclassificadas as empresas que na apresentação do caderno-proposta não atenderem ao mínimo exigido na Cláusula 1 deste Convite, demonstrando, assim, não terem condições de cumprir o objeto licitado. Serão desclassificadas também as propostas inexequíveis e as que oferecerem vantagens baseadas nas ofertas das demais licitantes.

4.3 O resultado será fixado no mesmo local destinado à apresentação das propostas, durante 2 (dois) dias úteis, sendo comunicada aos participantes por meio de carta, fac-símile ou telegrama a data em que ocorreu a citada afixação.

4.4 Em caso de empate, após obedecido o disposto no inciso II do § 2º do art. 3º da Lei n. 8.666/93, haverá sorteio, a ser realizado perante os interessados, em ato previamente designado.

5. Dos esclarecimentos relativos à licitação

5.1 A licitante, ao participar do presente procedimento, fica desde já ciente de que lhe será exigida no ato da assinatura do termo de contrato prova de regularidade relativa à Seguridade Social (INSS) e ao Fundo de Garantia do Tempo de Serviço (FGTS), bem como cópia das carteiras de trabalhos concernentes aos seus funcionários, com prazo de validade em vigor. A não apresentação dos documentos comprobatórios implicará a aplicação das sanções previstas nesta Carta-Convite, por descumprimento total do ajuste, além do ressarcimento à ... pelas despesas com a instauração do presente certame.

5.2 É indispensável que os interessados inspecionem o local, fazendo-se acompanhar de pessoa designada pela ... .

5.3 O presente Convite será anulado se ocorrer ilegalidade no seu procedimento ou julgamento e poderá ser revogado a juízo exclusivo da Administração quando for considerado inoportuno ou inconveniente ao serviço público.

5.4 Havendo necessidade e interesse, poderão as licitantes impetrar recursos nos termos do art. 109 da Lei n. 8.666/93, no prazo de 2 (dois) dias úteis.

5.5 A apresentação da proposta implica a confissão do pleno conhecimento do presente e de que se sujeita às condições estabelecidas.

5.6 Esclarecimentos relativos ao presente edital serão fornecidos pela ..., telefone ..., ramal ..., ou pelo fax ..., no horário das .... às ... horas.

5.7 Constituem parte integrante do presente instrumento convocatório o Memorial Descritivo e a Minuta de Contrato anexos.

São Paulo, ... de ... de ....

AUTORIDADE COMPETENTE

MEMORIAL ANEXO

AO CONVITE N. ..../... DO TIPO MELHOR LANCE OU OFERTA

I – Disposições gerais

1. Área do local: ...m² x ...m² = Total ...m².

2. Horário de funcionamento: de segunda a sexta-feira, das ... às ... horas, ininterruptamente, e aos sábados das 9:00 às 15:00h.

3. São partes integrantes da área a ser ocupada:

— instalações existentes: 2 (duas) tomadas tripolares para máquina de café e post-mix e 1 (uma) tomada para geladeira, com altura de 1,10m;

— pia de granilite cor natural (localizada na planta) com cuba de inox e demais instalações;

— torneira baixa para uso geral (também para post-mix);

— acabamentos: piso de granilite cor natural; barra azulejada com azulejos 15x15cm brancos em 2 (duas) fiadas sobre a pia; demais paredes com pintura látex;

— *(os itens acima poderão ser alterados).*

4. O prazo do contrato será de 12 (doze) meses a partir de sua assinatura e poderá ser prorrogado por igual ou menor período até o limite de 5 (cinco) anos, desde que convenha a ambas as Partes. Em qualquer hipótese deverá haver comunicação de uma Parte a outra por escrito, com antecedência mínima de 90 (noventa) dias.

5. A CONTRATADA deverá afixar em local visível aos usuários as listas de preços da SUNAB, que deverão ser rigorosamente cumpridas.

6. A CONTRATADA deverá indicar à ... o nome de seu representante ou preposto idôneo que ficará à testa dos serviços para representá-la integralmente em todos os seus atos.

7. Os responsáveis pela firma vencedora, bem como seus empregados, deverão apresentar irrepreensível comportamento, discrição e polidez no trato aos usuários.

8. A CONTRATANTE reserva-se o direito de solicitar à CONTRATADA a substituição de qualquer empregado, ou mesmo de seu representante ou preposto, que deixar de preencher as qualificações necessárias.

9. A CONTRATANTE não poderá transferir ou subcontratar total ou parcialmente os serviços, utilizar o local para fins particulares, bem como colocar gêneros ou quaisquer materiais fora da área reservada à mesma, sob pena de o contrato ser rescindido imediatamente.

10. Os empregados deverão portar carteira de saúde e se apresentar uniformizados (uniforme completo), limpos e asseados.

11. A CONTRATADA obriga-se a manter relação atualizada de seus empregados, sendo facultado à ..., a qualquer tempo, exigir comprovação das suas responsabilidades.

12. A CONTRATADA deverá pagar mensalmente a taxa de administração de, no mínimo, R$ ... (...) até o dia 10 (dez) do mês subseqüente ao vencido.

13. O pagamento da taxa de administração fora do prazo importará multa que será calculada por dia de atraso, na proporção de 1% (um por cento) do valor mensal da referida taxa, até sua efetiva regularização, sem prejuízo da multa diária. O pagamento da taxa de administração após esgotado o mês em que o pagamento deveria ser feito implicará o acréscimo monetário correspondente à variação da UFESP diária, desde o dia seguinte ao em que o pagamento deveria ter sido realizado até a data do efetivo pagamento da obrigação.

14. A taxa de administração será reajustada anualmente, pelo índice de reajuste ..., ou outro índice que vier a substituí-lo.

14.1 A periodicidade aqui definida poderá ser reduzida por determinação governamental, por normas legais supervenientes ou por acordo entra as Partes e mediante aditamento contratual.

15. A CONTRATADA fica proibida de fazer quaisquer alterações nas redes de infra-estrutura e demais aspectos construtivos do local sem consultar, por escrito, a ... .

16. Por comum acordo entre as Partes, em dia a ser previamente determinado, a CONTRATADA fará o fechamento da LANCHONETE para dedetização, desratização, limpeza geral e manutenção dos equipamentos e instalações, que deverá ser impreterivelmente obedecido.

17. A venda de bebidas alcoólicas, destiladas e/ou fermentadas não será permitida.

18. A firma responsável pela proposta vencedora deverá implementá-la quando do início das atividades.

19. A CONTRATADA não poderá usar o nome da CONTRATANTE para adquirir gêneros, produtos ou quaisquer outros bens, não sendo a CONTRATANTE responsável, de forma alguma, pelas obrigações assumidas pela CONTRATADA perante terceiros.

20. A CONTRATANTE reservar-se-á o direito de fiscalizar mensalmente o cumprimento das obrigações trabalhistas, previdenciárias, comerciais e fiscais a cargo da CONTRATADA, exigindo, se assim entender, a comprovação de pagamento de salários e demais obrigações decorrentes, sem prejuízo do controle de outras condições operacionais contratualmente estabelecidas.

21. A CONTRATADA obrigar-se-á pelos encargos trabalhistas, previdenciários, comerciais, fiscais e outros, se existirem, sem quaisquer ônus para a CONTRATANTE, e, ainda, a apresentar a carteira profissional dos funcionários que prestarão serviços, com o registro do contrato de trabalho, bem como a comprovar o recolhimento dos encargos trabalhistas e previdenciários.

II – Das obrigações e responsabilidades da Concessionária

1. Manter os funcionários devidamente registrados, responsabilizando-se pelos encargos trabalhistas, previdenciários e fiscais perante os órgãos públicos, bem como pelo seguro para garantia de pessoas e equipamentos.

2. Durante a vigência ou validade do contrato fica a CONTRATADA obrigada a observar rigorosamente as condições estabelecidas no contrato, bem como a responder por todos os danos e prejuízos que causar ao patrimônio da CONTRATANTE.

3. Caberá à CONTRATADA fornecer todos os equipamentos, utensílios e materiais diversos a serem utilizados na prestação dos serviços, bem como a limpeza e manutenção preventiva dos mesmos e de toda a área.

4. Manter todo o lixo acondicionado em sacos plásticos e depositar em local predeterminado e sob sua responsabilidade; manter a limpeza da lixeira.

5. A adaptação ou qualquer modificação física deverá ser previamente aprovada pela Divisão de Engenharia, correndo todas as despesas por conta da firma.

As adaptações deverão seguir o mesmo padrão da construção existente, bem como ser empregados materiais de primeira qualidade.

As adaptações físicas efetuadas deverão ficar incorporadas ao prédio, não podendo ser retiradas após o término do contrato.

III – Da garantia

1. Como garantia de fiel cumprimento do contrato, no ato da sua assinatura a firma vencedora obriga-se a depositar na Tesouraria desta ..., em dinheiro, em fiança bancária ou em títulos da dívida pública, o correspondente a 10% (dez por cento) do valor do contrato, reforçado a cada reajuste.

2. A caução será liberada 30 (trinta) dias após o término do contrato, podendo ser deduzidos da mesma os débitos existentes com a Administração e, a título de ressarcimento, os gastos para a reposição de peças e consertos das instalações sob sua responsabilidade.

IV – Das penalidades

1. Pelo descumprimento das obrigações assumidas a licitante estará sujeita às penalidades previstas no ... (Decreto, Portaria etc.), que fica fazendo parte integrante deste Convite.

2. Pela inexecução total ou parcial do ajuste a licitante estará sujeita à multa de 20% (vinte por cento) sobre o valor da obrigação não cumprida.

3. Pelo atraso injustificado na execução do serviço a contratada incorrerá em multa diária de 0,2% (dois décimos por cento) nos primei-

ros 30 (trinta) dias de atraso e de 0,4% (quatro décimos por cento) para atraso superior a 30 (trinta) dias.

4. A recusa injustificada da adjudicatária em assinar o contrato, aceitar ou retirar o instrumento equivalente dentro do prazo estabelecido pela Administração caracteriza o descumprimento total da obrigação assumida, sujeitando-a à multa de 20% (vinte por cento) sobre o valor anual da proposta, sem prejuízo das demais cominações legais.

5. Poderão ser aplicadas, ainda, as penas de suspensão temporária de participação em procedimento licitatório e impedimento de contratar com a Administração, por prazo não superior a 2 (dois) anos, e de declaração de inidoneidade para licitar ou contratar.

V – Da rescisão

1. Se durante a vigência do contrato a CONTRATADA transgredir qualquer de suas obrigações estará sujeita à rescisão contratual, conforme o disposto nos arts. 77 a 80 da Lei n. 8.666/93, sem direito a qualquer indenização, passando as benfeitorias já implantadas aos prédios da CONTRATANTE.

2. A rescisão por inadimplência da empresa importará a suspensão da mesma, impossibilitando-a de participar de futuras licitações por período de, no máximo, 2 (dois) anos.

VI – Do foro

1. Fica eleito o foro da Capital do Estado de São Paulo para dirimir dúvidas oriundas do contrato que não puderem ser resolvidos amigavelmente pelas Partes.

São Paulo, ... de ... de ... .

AUTORIDADE

CADERNO-PROPOSTA

UNIDADE: ...

**ASSINATURA, RAZÃO SOCIAL DA FIRMA,
CARGO E NOME DO REPRESENTANTE
(CARIMBO, DATILOGRAFIA E LETRA DE FORMA)**

I – Apresentar uma lista pormenorizada das variações dos itens que serão oferecidos:
- salgados: ...;
- bebidas: ...;
- doces: ... .

II – Relacionar os equipamentos mínimos que serão colocados no local, indicando quantidade e conservação dos mesmos, devendo a firma obrigatoriamente contar com o seguinte:
- máquina de café expresso;
- forno de microondas;
- mini-*freezer*;
- máquinas de refrigerantes.

III – Relacionar o número de empregados:
- supervisor (gerentes);
- atendente;
- outros.

IV – Taxa de administração proposta: *(de acordo com o item 12 do Memorial)*
- R$ ... (...).

DECLARAÇÃO

Declaramos, através do presente, que aceitamos e submetemonos integralmente a todas as condições e exigências do presente e dos anexos que o completam.

**ASSINATURA, RAZÃO SOCIAL DA FIRMA,
CARGO E NOME DO REPRESENTANTE
(CARIMBO, DATILOGRAFIA E LETRA DE FORMA)**

MINUTA 7
CONTRATO DE CONCESSÃO DE USO PARA FINS DE EXPLORAÇÃO DE SERVIÇOS DE LANCHONETE

PROCESSO N. ...

Aos ... dias do mês de ... do ano de ..., de um lado, ..., inscrita no CGC/MF sob n. ..., localizada na Rua ..., representada por ... (nome e qualificação), conforme autorização constante do Processo n. ..., fls. ..., doravante denominada CONCEDENTE, e, de outro lado, a empresa ..., inscrita no CGC/MF sob n. ..., com sede nesta Capital, na Rua ..., neste ato representada pelo seu diretor ... (nome e qualificação), doravante denominada CONCESSIONÁRIA, firmam o presente contrato, sujeitando-se às disposições da Lei n. 8.666, de 21 de junho de 1993, alterada pela Lei n. 8.883 de 8 de junho de 1994, e mediante as condições adiante estipuladas.

Cláusula Primeira – Do objeto

O presente contrato tem por objeto conceder o uso de área de propriedade da ... (entidade), medindo ...m² (metros quadrados) x ...m² (metros quadrados) (área total de ...m²), localizada na ..., área, esta, constante da planta/croqui integrante deste instrumento, para fins de exploração de serviços de LANCHONETE, que funcionará de segunda a sexta-feira, das ... às ...horas, e aos sábados das ... às ...horas, e com o fornecimento do seguinte cardápio: ..., e utilização do seguinte equipamento: ... .

Parágrafo primeiro. Não será permitida a venda de bebida alcoólica. É vedada a utilização dos seguintes equipamentos:

... .

Parágrafo segundo. Consideram-se integrantes do presente contrato, como se nele estivessem transcritos, os documentos a seguir relacionados, os quais neste ato as Partes declaram conhecer e aceitar:

a) Carta-Convite n. ...;

b) Proposta n. ...;

c) Planta/croqui constante do Processo n. ... , fls. ... .

Cláusula Segunda – Das adaptações do local
(se forem necessárias)

A concessionária obriga-se a fazer por sua conta as adaptações abaixo relacionadas:

... .

Parágrafo único. Estas e outras adaptações que se fizerem necessárias deverão ser apresentadas ao Setor ... para análise e aprovação, ficando claro, desde já, que em hipótese alguma tais adaptações serão indenizadas.

Cláusula Terceira – Das obrigações da concessionária

A CONCESSIONÁRIA obrigar-se-á pelos encargos trabalhistas, previdenciários, comerciais, fiscais e outros, se existirem, sem quaisquer ônus para a CONCEDENTE, e, ainda, a apresentar a carteira profissional dos funcionários que prestarão serviços, com o registro do contrato de trabalho, bem como a comprovar o recolhimento dos encargos trabalhistas e previdenciários.

As despesas relativas a água, energia elétrica e telefone (se for instalado) correrão por conta da CONCESSIONÁRIA, sendo pagas de acordo com o indicado nos medidores instalados no local e em valor a ser apurado pela Seção ..., até o 10º (décimo) dia corrido após a apresentação da carta, bem como as despesas de conservação ou reforma eventualmente necessárias. O não pagamento de qualquer despesa aqui referida resultará no direito à PERMITENTE de rescindir de imediato o contrato, além de poder aplicar as penalidades da Cláusula ... .

A CONCESSIONÁRIA deverá fixar em local visível aos usuários a lista de preços, que deverá ser rigorosamente cumprida.

A CONCESSIONÁRIA deverá comunicar, por escrito e de imediato, qualquer irregularidade que, ocorrida no serviço, seja atribuída a terceiros.

A CONCESSIONÁRIA obrigar-se-á por quaisquer danos ou prejuízos causados ao patrimônio da CONCEDENTE, por pessoas ou equipamentos sob sua responsabilidade, ressarcindo-os, impreterivelmente e inquestionavelmente, no prazo de 10 (dez) dias úteis do recebimento da comunicação escrita.

A CONCESSIONÁRIA responsabilizar-se-á pela idoneidade moral de seus empregados destacados para o atendimento dos serviços de que trata o presente contrato, bem como determinará aos mesmos que se atenham, no que couber, à disciplina vigente na ... (entidade).

A CONCESSIONÁRIA obriga-se a utilizar a área cedida única e exclusivamente para fins de instalação de serviços de LANCHONETE, com horário de atendimento ao público das ... às ... horas, de segunda a ... .

Fora do horário acima estabelecido a CONCESSIONÁRIA deverá obter autorização expressa da CONCEDENTE para seu funcionamento.

A CONCESSIONÁRIA deverá trazer o imóvel sempre em bom estado de conservação e funcionamento, para assim restituí-lo quando do término do prazo, sem direito a retenção ou indenização por quaisquer benfeitorias, ainda que necessárias, se devidamente autorizadas, as quais ficarão desde logo incorporadas ao imóvel.

Desde já a CONCESSIONÁRIA faculta à CONCEDENTE examinar ou vistoriar o imóvel cedido, quando esta entender conveniente.

Deverá a CONCESSIONÁRIA manter um número de empregados necessários ao atendimento dos usuários dos serviços e um representante ou preposto idôneo, que a represente integralmente em todos os atos.

Por comum acordo entre as Partes, em dia a ser previamente determinado, a contratada fará o fechamento da LANCHONETE para dedetização, desratização, limpeza geral e manutenção dos equipamentos e instalações.

Manter sob sua responsabilidade a vigilância e segurança do local.

Manter a limpeza de toda área num raio de 10 (dez) metros, manter todo o lixo acondicionado em sacos plásticos e depositar em local predeterminado sob a sua responsabilidade; manter a limpeza da lixeira.

Apresentar seus funcionários devidamente uniformizados.

Não poderá ser usado o nome da CONCEDENTE para adquirir gêneros, produtos e quaisquer outros bens, não sendo a CONCEDENTE responsável por obrigações assumidas perante terceiros.

A contratada não poderá transferir ou subcontratar total ou parcialmente os serviços, utilizar o local para fins particulares, bem como colocar qualquer material fora da área reservada à mesma, sob pena de rescisão contratual.

A contratante reserva-se o direito de solicitar a substituição de qualquer empregado, ou mesmo do seu representante ou preposto, que deixar de preencher as qualificações necessárias.

A contratada obriga-se a manter durante toda a execução do contrato, em compatibilidade com as obrigações assumidas, todas as condições de habilitação e qualificação exigidas na licitação.

Cláusula Quarta – Da vigência do contrato

O prazo do contrato será de 12 (doze) meses contados de sua assinatura, e poderá ser prorrogado por igual ou menor período, até o limite de 5 (cinco) anos, de comum acordo entre as Partes, manifestado por escrito com antecedência mínima de 90 (noventa) dias.

Cláusula Quinta – Do valor do contrato

O valor total do contrato é de R$ ... (...).

A contratada deverá pagar mensalmente no Setor ... a taxa de administração no valor de R$ ... (...), até o dia 10 (dez) subseqüente ao mês vencido.

O pagamento da taxa de administração fora do prazo importará multa que será calculada por dia de atraso, na proporção de 1% (um por cento) do valor mensal da referida taxa, até sua efetiva regularização. Sem prejuízo da multa diária, o pagamento da taxa de administração após esgotado o mês em que o pagamento deveria ser feito implicará o acréscimo monetário correspondente à variação da UFESP diária desde o dia seguinte ao em que o pagamento deveria ter sido realizado até a data do efetivo pagamento da obrigação.

Parágrafo primeiro. A taxa de administração será reajustada a contar de 12 (doze) meses da vigência do contrato e terá como índice de reajuste o ... ou outro índice que vier a substituí-lo.

Parágrafo segundo. A periodicidade aqui definida poderá ser reduzida por determinação governamental, por normas legais supervenientes ou por acordo entre as Partes e mediante aditamento contratual.

Cláusula Sexta – Da caução

Como garantia do fiel cumprimento do contrato, no ato de sua assinatura a firma vencedora depositará no Setor ... a importância de R$ ... (...), correspondente a 10% (dez por cento) do valor anual do contrato, reforçada a cada prorrogação.

A caução será liberada 30 (trinta) dias após o término do contrato, podendo ser deduzidos da mesma os débitos existentes com a CONCEDENTE e, a título de ressarcimento, os gastos para a reposição de peças e consertos das instalações sob sua responsabilidade.

Cláusula Sétima – Das penalidades

Pelo descumprimento das obrigações assumidas a CONCESSIONÁRIA está sujeita às penalidades previstas no ... (Decreto, Portaria etc.), que fica fazendo parte integrante deste contrato, sem prejuízo das cominações previstas na Lei n. 8.666/93.

Pela inexecução total ou parcial do ajuste a multa será de 20% (vinte por cento) sobre o valor da obrigação não cumprida.

Pelo atraso injustificado na execução do serviço a contratada incorrerá em multa diária de 0,2% (dois décimos por cento) nos primeiros 30 (trinta) dias de atraso e de 0,4% (quatro décimos por cento) para atraso superior a 30 (trinta) dias.

A recusa injusta da adjudicatária em assinar o contrato, aceitar ou retirar o instrumento equivalente dentro do prazo estabelecido pela Administração caracteriza o descumprimento total da obrigação assumida, sujeitando-a à multa de 20% (vinte por cento).

Poderão ser aplicadas, ainda, as penas de suspensão temporária de participação em procedimento licitatório e impedimento de contratar com a Administração por prazo não superior a 2 (dois) anos e de declaração de inidoneidade para licitar ou contratar.

Cláusula Oitava – Da rescisão

A incidência do comportamento descrito no art. 78 da Lei n. 8.666/93 dará direito à Administração de rescindir o presente contrato, independentemente de interpelação judicial ou extrajudicial e sem prejuízo das penalidades previstas nos arts. 86 a 88 da mesma lei.

Ficam desde logo assegurados os direitos da Administração previstos no arti. 80 da lei.

Cláusula Nona – Da fiscalização

A CONCEDENTE reserva-se o direito de fiscalizar mensalmente o cumprimento das obrigações trabalhistas, previdenciárias, comerciais e fiscais a cargo da PERMISSIONÁRIA, exigindo, se assim entender, a comprovação de pagamento de salários e demais obrigações decorrentes, sem prejuízo do controle de outras condições operacionais contratualmente estabelecidas.

Cláusula Décima – Do foro

Fica eleito o foro da Capital do Estado de São Paulo para dirimir dúvidas oriundas do contrato que não puderem ser resolvidas amigavelmente pelas Partes.

E, por estarem assim certos e ajustados, assinam o presente contrato em 3 (três) vias de igual teor e valor na presença das testemunhas abaixo.

São Paulo, ... de ... de ... .

---
p/**CONCEDENTE**

---
p/**CONCESSIONÁRIA**

Testemunhas:

MINUTA 8
EDITAL DE CONCORRÊNCIA NACIONAL PARA REGISTRO DE PREÇOS

PROCESSO N. ...

TIPO DE LICITAÇÃO: MENOR PREÇO

A Administração faz saber que se acha aberta a Concorrência Nacional n. .../..., com a finalidade de selecionar propostas para registro de preços, objetivando a aquisição do objeto constante no Anexo I deste Edital, que será regida pelas disposições da Lei federal n. 8.666, de 21.6.93, e alterações posteriores, e por este Edital.

Os Envelopes n. 01 e n. 02, conforme instruções contidas na "Seção 1 – Disposições Preliminares", deverão ser apresentados até o dia .../.../..., às ...h, iniciando-se a abertura dos "Envelopes n. 01 – Documentação" às ...h, no endereço abaixo:

.... .

Seção 1 – Disposições preliminares

1.1 A presente Concorrência é do tipo "menor preço", constituindo-se em duas fases, sendo a 1ª de habilitação e a 2ª de proposta comercial.

1.2 Até o dia e hora indicados no preâmbulo deste Edital, a documentação de habilitação e as propostas comerciais deverão ser entregues no endereço indicado, em Envelopes fechados, distintos e identificados, respectivamente, da seguinte forma: "Envelope n. 01 – Documentação" e "Envelope n. 02 – Proposta Comercial". Os Envelopes deverão conter externamente, além do número de identificação, a razão social do licitante e o número desta Concorrência Nacional.

1.3 Os interessados que tiverem dúvidas de caráter técnico ou legal na interpretação dos termos deste Edital poderão solicitar, por escrito, os esclarecimentos necessários. É recomendável que os pedidos de esclarecimentos dêem entrada até 10 (dez) dias corridos antes da data de encerramento da entrega dos Envelopes, a fim de permitir que haja tempo para resposta. Os esclarecimentos serão prestados ao interessado também por escrito. Não serão atendidas solicitações verbais.

1.4 Passados 5 (cinco) minutos do prazo fixado para a apresentação dos Envelopes n. 01 e n. 02, no local indicado para a entrega dos referidos Envelopes, na presença dos interessados, a Comissão Julgadora de Licitações procederá à abertura dos "Envelopes n. 01 – Documentação", adotando os procedimentos descritos na Seção 6 deste Edital.

Seção 2 – Da habilitação ("Envelope N. 01 – Documentação")

2.1 Para se habilitarem na presente licitação, os licitantes deverão apresentar a documentação abaixo.

2.1.1 Quanto à *habilitação jurídica*:

a) certidão de registro comercial (no caso de empresa individual); ou

b) ato constitutivo, estatuto ou contrato social em vigor, devidamente registrado, tratando-se de sociedades comerciais, e, no caso de sociedades por ações, acompanhado de documentos de eleição de seus administradores, expedido pelo Registro do Comércio ou Junta Comercial; ou

c) decreto de autorização, tratando-se de empresa ou sociedade estrangeira em funcionamento no país, e ato de registro ou autorização para funcionamento expedido pelo órgão competente, quando a atividade assim o exigir.

2.1.2 Quanto à *qualificação técnica*:

a) apresentação de, no mínimo, 2 (dois) atestados de desempenho anterior expedidos por entidades públicas ou privadas, que atestem o fornecimento regular dos materiais objeto de licitação, os quais, juntos, deverão comprovar, para cada item constante do Anexo I, o fornecimento de, pelo menos, 50% (cinqüenta por cento) das quantidades licitadas;

b) declaração do licitante de que tomou conhecimento de todas as informações e das condições legais para o cumprimento das obrigações objeto da licitação.

2.1.3 Quanto à *qualificação econômico-financeira*:

a) apresentação de publicação do último balanço patrimonial, incluindo a documentação do resultado do exercício. Não sendo a licitante obrigada a publicar seu balanço, deverá apresentar fotocópia legível de página do *Diário Geral*, onde foi transcrito o balanço patrimonial, *Ativo/Passivo*, e a demonstração do resultado do exercício. Estes documentos deverão conter as assinaturas dos sócios, do contador responsável, com os respectivos termos de abertura e encerramento, registrados na Junta Comercial ou Cartório de Registro;

b) certidão negativa de falência e concordata expedida pelo Distribuidor da sede da pessoa jurídica, ou de execução patrimonial expedida no domicílio da pessoa física, datada de, no máximo, 60 (sessenta) dias da data final de entrega dos envelopes.

2.1.4 Quanto à *regularidade fiscal*:

a) prova de inscrição no cadastro geral do contribuinte (CGC);

b) prova de inscrição no cadastro de contribuintes estadual ou municipal, se houver, relativo ao domicílio ou sede do licitante, pertinente ao seu ramo de atividade e compatível com o objeto licitado;

c) prova de regularidade para com a Fazenda Federal (neste caso, através das Certidões Negativas da Dívida Ativa da União e de Quitação de Tributos e Contribuições Federais Administrados pela Secretaria da Receita Federal), Estadual (Certidão Negativa de ICMS) e Municipal (Certidão de Tributos Mobiliários) do domicílio ou sede da licitante, ou outra equivalente na forma da lei, com prazo de validade em vigor. Não constando do documento seu prazo de validade, será aceito documento emitido até 180 (cento e oitenta) dias imediatamente anteriores à data final para sua apresentação;

d) prova de regularidade relativa à seguridade social, demonstrando situação regular no cumprimento dos encargos sociais instituídos por lei (INSS), através de Certidão Negativa de Débitos (CND) e relativa ao Fundo de Garantia por Tempo de Serviço (FGTS), através do Certificado de Regularidade de Situação (CRS), com prazo de validade em vigor na data de encerramento do prazo de entrega dos Envelopes;

d.1) considerando o disposto no art. 195, § 3º, da Constituição Federal, de 5.10.88, e no art. 2º da Lei n. 9.012, de 30.3.95, obrigar-se-á a licitante, caso declarada vencedora, *mediante solicitação por parte da Administração*, a atualizar a Certidão Negativa de Débito perante o INSS (CND) e o Certificado de Regularidade de Situação – CRS (FGTS), que deverão estar em plena validade no ato da adjudicação e quando da emissão da Nota de Empenho, caso as certidões apresentadas na fase de habilitação tenham sua validade expirada durante a tramitação do certame licitatório;

d.2) fica facultado à Administração, consultar os *sites* do MPAS – Ministério da Previdência e Assistência Social (*www.mpas.gov.br*) e da Caixa Econômica Federal (*www.caixa.gov.br*) para fins de obtenção das certidões correspondentes atualizadas. Após verificação, o servidor da Administração deverá certificar a autenticidade do documento emitido/apresentado, mediante declaração neste sentido, devidamente assinada;

e) prova de regularidade perante o Ministério do Trabalho no que se refere à observância no disposto no inciso XXXIII do art. 7º da Constituição Federal, nos termos do modelo constante do "Anexo V – Prova de Regularidade perante o Ministério do Trabalho".

2.2 Durante o prazo de validade da Ata de Registro de Preços, as licitantes detentoras deverão manter, devidamente atualizados, os documentos elencados no subitem 2.1.4, alíneas "c" e "d".

2.3 A apresentação do Certificado de Registro Cadastral emitido pela Administração ou por qualquer órgão ou entidade da Administração Pública *(a Administração poderá dizer quais os CRCs que aceitará)*, nos termos da Lei n. 8.666/93, pertinente ao objeto licitado e em plena validade na data de encerramento da entrega dos Envelopes, substitui os documentos enumerados no subitem 2.1.1 e alíneas "a" e "b" do subitem 2.1.4, obrigada a parte a *declarar*, sob as penalidades cabíveis, a superveniência de fato impeditivo de habilitação. A nãoapresentação de declaração será entendida pela Comissão Julgadora como manifestação de inexistência de fato que possa inabilitá-la, ocorrido após a obtenção dos documentos apresentados para fins de habilitação. Deverá ser apresentado o restante da documentação prevista nas alíneas anteriores.

2.4 Os documentos exigidos para habilitação poderão ser apresentados em original ou por qualquer processo de cópia autenticada, por cartório competente, podendo, inclusive, ser autenticados por qualquer membro da Comissão Julgadora de Licitações, à vista do original. Poderão, ainda, ser apresentadas publicações em órgão da Imprensa Oficial.

2.5 Não serão admitidas na licitação, como proponentes:

2.5.1 Pessoas físicas e pessoas jurídicas reunidas em consórcio.

2.5.2 Empresas declaradas inidôneas por ato do Poder Público.

2.5.3 Empresas que estiverem cumprindo pena de suspensão no âmbito da Administração.

2.5.4 Empresas sob processo de falência e concordata.

2.6 Os documentos apresentados por qualquer licitante, se expressos em língua estrangeira, deverão ser traduzidos para o Português por tradutor público juramentado e autenticados por autoridade brasileira no país de origem.

2.7 Serão inabilitadas as empresas que apresentarem em desacordo os documentos necessários à habilitação. No caso, seus Envelopes de n. 02 permanecerão fechados, ficando à disposição para retirada, num prazo de até 30 (trinta) dias, no endereço inicialmente citado, neste Edital.

Seção 3 – Das propostas (Envelopes N. 02)

3.1 A proposta deverá ser apresentada de maneira a:

3.1.1 Não conter rasuras ou emendas em lugar essencial.

3.1.2 Estar assinada e rubricada em todas as suas vias pelo representante legal, com indicação do cargo por ele exercido na empresa.

3.1.3 Conter com clareza e sem omissões as especificações técnicas do bem ofertado, com indicação da marca, modelo, referência, fabricante, origem, dimensões, e outras características inerentes aos produtos cotados, devendo encaminhar, juntamente com a proposta, documentação ou folhetos descrevendo estas informações.

3.1.4 O não-atendimento das especificações contidas no Anexo I e a não-apresentação de dados suficientes para a avaliação dos bens ofertados por uma empresa facultarão à Comissão a desclassificação da sua proposta.

3.2 O licitante deverá fazer constar em sua proposta:

3.2.1 Preços unitários dos bens ofertados, os quais deverão ser indicados em algarismos e por extenso, prevalecendo, em caso de divergência entre os valores, o escrito por extenso.

3.2.2 As empresas licitantes deverão observar o(s) item(ns) do(s) produto(s) a oferecer(em), identificando-o(s) em sua proposta, classificação de ordem, conforme consta do memorial descritivo anexo, informando os preços unitários dos mesmos, destacando inclusive os valores referentes às alíquotas relativas a tributos ou outra despesa correlata, a fim de permitir à Comissão Julgadora a obtenção do seu preço final, para julgamento.

3.2.3 As cotações para o objeto desta licitação deverão ser apresentadas em Reais, *inalteráveis durante o prazo de validade da proposta*, conforme especifica o item 3.3.2 deste Edital, período este em que a Administração, para garantir as condições previstas neste item, deverá convocar as licitantes classificadas para fins de assinatura da Ata de Registro de Preços, na forma disposta na legislação vigente.

3.2.3.1 É vedado qualquer reajustamento de preços durante o prazo de validade da Ata de Registro de Preços, conforme dispõe a Cláusula 9 da citada Ata, a qual fica fazendo parte integrante do presente Edital.

3.2.3.2 Os licitantes deverão ofertar os bens, considerando a entrega dos mesmos, por sua conta e risco, nas dependências da Administração.

a) Além do disposto no subitem anterior, deverá ser indicado por essas empresas, em separado, a existência de impostos sobre o preço de venda.

b) O objeto da licitação deverá ser entregue no local ..., correndo por conta e risco do fornecedor: o transporte e o seguro.

3.3 Das condições gerais que deverão constar da proposta:

3.3.1 O prazo de entrega para o objeto desta licitação é de no máximo 10 (dez) dias úteis, contados do primeiro dia útil seguinte ao da retirada da Nota de Empenho pelo fornecedor, em cada pedido de fornecimento.

3.3.2 O prazo de validade da proposta não poderá ser inferior a 60 (sessenta) dias corridos, contados do primeiro dia útil seguinte à data fixada para apresentação dos Envelopes, conforme determinado no preâmbulo deste Edital.

3.3.3 O prazo de garantia não poderá ser inferior a 6 (seis) meses, contados do aceite definitivo da mercadoria.

3.3.4 Conforme o caso, deverão ser juntados catálogos e literatura completa sobre o material proposto que permitam inequívocas condições de análise das especificações dos bens ofertados em relação com as exigências do Edital.

3.4 Não serão consideradas alternativas que ofereçam vantagem em relação as demais proponentes.

3.5 A apresentação de proposta pelo licitante implica a declaração de conhecimento e aceitação de todas as condições da presente licitação.

Seção 4 – Do julgamento da licitação

4.1 O julgamento da presente licitação será de responsabilidade da Comissão Julgadora de Licitações da Administração.

4.2 A licitação é do tipo *menor preço unitário* e o julgamento das propostas será realizado *por item*, devendo ser classificada em 1º lugar, para cada item licitado, a proposta que ofertar o preço unitário de menor valor, desde que totalmente atendidas as especificações contidas no Anexo I e demais condições deste Edital.

4.2.1 As demais propostas serão classificadas em ordem crescente, sendo que apenas serão registrados os preços da primeira, segunda e terceira classificadas.

4.3 Para o julgamento da presente licitação, deverão ser abordados os seguintes procedimentos:

4.3.1 Serão previamente desclassificadas as propostas de licitantes que venham a oferecer bens que não estiverem de acordo com as especificações mínimas exigidas no Anexo I.

4.3.2 Em caso de empate, após obedecido o disposto no § 2º do art. 3º da Lei n. 8.666/93, alterada pela Lei n. 8.883/94, será procedido sorteio, com divulgação prévia de sua realização, em ato público, para determinação de qual proposta ocupará a classificação objetivada, sendo que a outra, conseqüentemente, terá o seu preço registrado na ordem imediatamente subseqüente, respeitados os termos do subitem 4.2.1.

4.3.3 Não será considerada qualquer oferta de vantagem não prevista no Edital, inclusive financiamentos subsidiados ou a fundo perdido, nem preço ou vantagem baseada nas ofertas das demais licitantes.

4.3.4 Não serão consideradas para julgamento as propostas que não estiverem de acordo com as condições previstas neste Edital e as que ofertarem preços excessivos e manifestamente inexeqüíveis.

4.4 O procedimento desta Concorrência será encerrado com a fase de classificação das propostas, a qual, após a publicação, o transcurso do prazo para interposição de recursos e a necessária homologação, ensejará, ao critério da Administração, a lavratura da correspondente Ata, com o registro dos preços da primeira, segunda e terceira classificadas no presente certame.

Seção 5 – *Do pagamento, dos preços e do recebimento dos bens objeto desta licitação*

5.1 O pagamento será realizado no prazo de 30 (trinta) dias, contados do primeiro dia útil seguinte à data de apresentação pelo credor da documentação fiscal completa no Protocolo da Administração (notas fiscais, faturas e duplicatas), e do atestado de recebimento definitivo do material.

5.1.1 A contagem do prazo de pagamento terá início e encerramento em dias de expediente na Administração.

5.2 Os pagamentos serão efetuados através de depósito em conta corrente, no Banco ..., devendo a contratada ser informada quando da entrega dos documentos referidos no subitem 5.1.

5.3 O pagamento a ser efetuado à empresa adjudicatária deverá obedecer à ordem cronológica de exigibilidade das obrigações estabelecidas pela Administração, de acordo com o disposto no art. 5º, *caput*, da Lei n. 8.666/93, alterada pela Lei n. 8.883/94.

5.4 O recebimento definitivo do objeto da licitação será efetuado por servidor previamente designado e será efetuado após conferência do bem.

5.5 O aceite (testes de qualidade para comprovação das especificações oferecidas pelo licitante) da mercadoria ocorrerá nas dependências da Administração.

5.6 Todos os bens deverão atender rigorosamente às especificações solicitadas no Edital e seus Anexos e nas propostas apresentadas. A entrega dos mesmos fora das especificações indicadas implicará recusa por parte da Administração, a qual os colocará à disposição do fornecedor para substituição.

5.7 Antes de emitir o documento de recebimento definitivo a Comissão Julgadora poderá solicitar exposição oral e demonstração prática dos produtos.

5.8 Os bens entregues e recebidos ficam sujeitos a reparação ou substituição, pela adjudicatária, desde que comprovada a existência de defeito cuja verificação só se tenha tornado possível no decorrer de sua utilização.

5.9 Os bens deverão ser entregues dentro dos prazos estabelecidos nas propostas e será considerada como recusa formal a não-entrega dos mesmos após decorrido o vencimento do prazo estabelecido, salvo motivo de força maior ou caso fortuito, devidamente comprovado e reconhecido pela Administração. Havendo atraso na entrega, mediante justificativa aceita pela Administração, não sofrerá a detentora da Ata penalidades; contudo, não lhe será concedido revisão de preços, porventura existente no período de mora.

5.10 A reparação ou substituição do produto deverá ocorrer no prazo máximo de 5 (cinco) dias, a contar da data da notificação da Administração o ao fornecedor sobre a recusa do mesmo.

5.11 Esgotado esse prazo, inicia-se, após a troca ou conserto, a contagem de novo período de garantia, sendo que o fornecedor será considerado em atraso e sujeito às penalidades previstas na Cláusula 8 da Ata de Registro de Preços.

Seção 6 – Do procedimento da licitação

6.1 No dia, local e hora indicados no preâmbulo deste Edital e na presença dos licitantes ou representantes que comparecerem devidamente credenciados e demais interessados, a Comissão Julgadora de Licitações procederá à abertura dos Envelopes.

6.2 A abertura dos Envelopes contendo as "Propostas" somente ocorrerá em ato contínuo ao da abertura dos envelopes contendo a "Documentação" *se os representantes, comprovadamente credenciados, de todas as empresas participantes* declinarem expressamente do direito de apresentar recurso contra a habilitação ou inabilitação de suas representadas e de seus concorrentes.

6.2.1 Não ocorrendo a hipótese prevista no item 6.2, ou no caso de interposição de recurso, a Comissão Julgadora de Licitações, através de publicação no *Diário Oficial*, comunicará aos licitantes o fato, bem como a ocasião em que dará ciência do julgamento dos recursos.

6.3 Toda a documentação e os Envelopes n. 02 contendo as "Propostas Comerciais" serão rubricados pelas licitantes ou representantes credenciados presentes na reunião e pelos membros da Comissão Julgadora.

6.4 Do ato de abertura dos Envelopes "Documentação" e "Propostas Comerciais" será lavrada Ata circunstanciada, que será assinada pelos membros da Comissão Julgadora e, facultativamente, pelas licitantes ou representantes credenciados presentes na reunião.

6.5 O resultado do julgamento será publicado no *Diário Oficial*.

Seção 7 – Da lavratura da Ata de Registro de Preços

7.1 Após a homologação da licitação, a Administração poderá convocar, para cada item licitado, as empresas classificadas em 1º, 2º e 3º lugares, para assinatura da Ata de Registro de Preços, as quais deverão responder no prazo máximo de 10 (dez) dias úteis do ato convocatório.

7.2 As detentoras da Ata de Registro de Preços não poderão ceder ou transferir o ajuste, no total ou parcialmente, a terceiros, sob pena de rescisão.

7.3 Todos os contatos, reclamações e penalidades serão feitos ou aplicados diretamente à empresa que participar da licitação. Em nenhum caso a Administração negociará com entidades representadas ou subcontratadas pelas licitantes.

7.4 A recusa injustificada de assinar a Ata de Registro de Preços pelas empresas com propostas classificadas na licitação e indicadas para registro de preços, dentro do prazo estabelecido pela Administração, caracteriza o descumprimento total da obrigação assumida, sujeitando-se às penalidades previstas neste Edital.

7.5 A Ata de Registro de Preços a ser firmada entre a Administração e as propostas classificadas em 1º, 2º e 3º lugares no presente certame terá validade pelo prazo improrrogável de 12 (doze) meses, a partir da data de sua assinatura.

Seção 8 – Das penalidades

8.1 Pelo descumprimento total ou parcial do ajuste, a Administração poderá aplicar à detentora da Ata a pena pecuniária de 20% (vinte por cento) do valor da inexecução, sem prejuízo das demais cominações legais.

8.1.1 Entende-se também por descumprimento total o não-comparecimento dentro do prazo citado na respectiva convocação descrita no subitem 7.1.

8.2 Pelo atraso na entrega dos bens, a Administração poderá aplicar a multa diária de ... (... décimos por cento) a ... (... décimos por cento), esta última para atraso superior a 30 (trinta) dias, a ser calculada sobre o valor da mercadoria.

8.3 Poderão ser aplicadas, ainda, as penas de suspensão temporária de participação em procedimento licitatório e impedimento de contratar com a Administração, por prazo não superior a 2 (dois) anos, e de declaração de inidoneidade para licitar.

Seção 9 – Das disposições finais

9.1 Pela elaboração da proposta o licitante não terá direito a auferir qualquer vantagem, remuneração ou indenização.

9.2 Esta licitação será anulada se ocorrer ilegalidade no seu processamento ou julgamento, podendo ser revogada, a juízo exclusivo da Administração, se for considerada inoportuna ou inconveniente ao serviço público, sem que caiba direito a qualquer indenização.

9.3 A Administração poderá, em qualquer fase da licitação, promover diligência que, a seu exclusivo critério, for julgada necessária, no sentido de obter esclarecimentos ou informações complementares.

9.4 Dos recursos: dos atos da Administração discriminados no art. 109 da Lei n. 8.666/93 cabem os recursos ali descritos.

9.4.1 A interposição de recurso será comunicada aos demais licitantes, que poderão impugná-lo no prazo de 5 (cinco) dias úteis.

9.4.2 Nenhum prazo de recurso, representação ou pedido de reconsideração se inicia ou corre sem que os autos do processo estejam com vista franqueada ao interessado.

9.4.3 Os recursos poderão ser protocolados no horário das 9 às 18h no seguinte endereço: ... .

9.5 Quaisquer pedidos de informação ou esclarecimentos relativos a esta licitação, bem como de cópias da legislação mencionada, devem ser formulados à Seção ... no horário de 9 às 18h.

9.6 As despesas decorrentes da presente licitação serão efetuadas com recursos orçamentários Administração.

9.7 Ficam fazendo parte integrante do presente Edital:

– "Anexo I – Memorial Descritivo do Objeto";

– "Anexo II – Classificação";

– "Anexo III – Minuta de Ata de Registro de Preços".

9.8 Integra também o presente Edital o resultado da pesquisa de mercado que antecedeu o presente certame.

9.9 A Ata de Registro de Preços, cuja minuta se encontra no Anexo III, poderá ser usada por todas as unidades e órgãos da Administração, desde que autorizada a sua utilização, em cada caso, pelo Exmo. Sr. ... .

São Paulo, ... de ... de ... .

AUTORIDADE SUPERIOR

ANEXO I – MEMORIAL DESCRITIVO

ITEM I

Quantidade Aproximada: 3.660 (três mil, seiscentos e sessenta) pacotes

Especificações: Papel Sulfite de 1ª qualidade, editorial-linha d'água (imune-SB), para confecção de livros e revistas

Gramatura: 75g (24Kg);

Formato: 66 x 96cm

Apresentação: O material deverá ser apresentado em pacotes com 250 (duzentas e cinqüenta) folhas cada, na quantidade solicitada em cada pedido de fornecimento

Consumo Médio Mensal: Aproximadamente 305 (trezentos e cinco) pacotes/mês, observada a determinação contida no art. 65, § 1º, da Lei federal n. 8.666/93, alterada pela Lei n. 8.883/94, *quanto aos acréscimos*

ITEM II

Quantidade Aproximada: 5.628 (cinco mil, seiscentas e vinte e oito) resmas

Especificações: Papel Sulfite de 1ª qualidade, tipo "alto alvura"

Gramatura: 75g (24kg)

Formato: 215 x 315cm

Embalagem: pacote com 500 (quinhentas) folhas

Apresentação: O material deverá ser apresentado em resmas com 500 (quinhentas) folhas cada, acondicionado em caixas com 10 (dez) resmas, na quantidade solicitada em cada pedido de fornecimento

Consumo Médio Mensal: Aproximadamente 313 (trezentas e treze) resmas/mês, observada a determinação contida no art. 65, § 1º, da Lei federal n. 8.666/93, alterada pela Lei n. 8.883/94, *quanto aos acréscimos*

ITEM III

Quantidade Aproximada: 1.092 (um mil e noventa e dois) pacotes
Especificações: Papel Sulfite de 1ª qualidade, tipo "alto alvura"
Gramatura: 75g (24kg)
Formato: 66 x 96cm
Embalagem: pacote com 250 (duzentas e cinqüenta) folhas
Apresentação: O material deverá ser apresentado em pacotes com 250 (duzentas e cinqüenta) folhas cada, na quantidade solicitada em cada pedido de fornecimento
Consumo Médio Mensal: Aproximadamente 91 (noventa e um) pacotes/mês, observada a determinação contida no art. 65, § 1º, da Lei federal n. 8.666/93, alterada pela Lei n. 8.883/94, *quanto aos acréscimos*

ANEXO II – CLASSIFICAÇÃO

ITEM I	Classificação	Preço Unitário
Empresa A	1ª	R$
Empresa B	2ª	R$
Empresa C	3ª	R$

ITEM II	Classificação	Preço Unitário
Empresa A	1ª	R$
Empresa B	2ª	R$
Empresa C	3ª	R$

ITEM III	Classificação	Preço Unitário
Empresa A	1ª	R$
Empresa B	2ª	R$
Empresa C	3ª	R$

ANEXO III – MINUTA DE ATA DE REGISTRO DE PREÇOS
N. ..../...

CONCORRÊNCIA N. ...
PROCESSO N. ...
VALIDADE: ...

Aos ... dias do mês de ... de ..., na Administração, localizada na Rua ..., inscrita no CGC/MF sob o n. ..., o Sr. ..., nos termos do art. 15

da Lei federal n. 8.666, de 21.6.93, com as alterações posteriores, e das demais normas legais aplicáveis, em face da classificação das propostas apresentadas na *Concorrência para Registro de Preços n. ...*, em virtude de deliberação da Comissão Julgadora de Licitações, publicada no *Diário Oficial* do dia ... de ... de ..., e homologada pelo Sr. ..., às fls. ... do processo n. ..., *resolve registrar os preços* para a aquisição dos materiais descritos no "Anexo I – Memorial Descritivo", tendo sido os referidos preços oferecidos pelas empresas cujas propostas foram classificadas em 1º, 2º e 3º lugares no certame acima numerado. A seqüência da classificação das empresas foi a constante no "Anexo II – Classificação", estando referidas empresas representadas, conforme indicado abaixo, observadas as condições enunciadas nas cláusulas que se seguem.

01. Empresa ..., com sede na Rua ..., n. ..., nesta Capital, representada pelo seu sócio-gerente, Sr. ..., portador da cédula de identidade RG n. ... e CPF n. ... .

02. Empresa ..., com sede na Rua ..., n. ..., nesta Capital, representada pelo seu sócio-gerente, Sr. ..., portador da cédula de identidade RG n. ... e CPF n. ... .

03. Empresa ..., com sede na Rua ..., n. ..., nesta Capital, representada pelo seu sócio-gerente, Sr. ..., portador da cédula de identidade RG n. ... e CPF n. ... .

Cláusula 1 – Do objeto

1.1 Fazem parte do objeto da presente Ata de Registro de Preços os materiais constantes do "Anexo I – Memorial Descritivo".

Cláusula 2 – Da validade do Registro de Preços

2.1 A presente Ata de Registro de Preços terá a validade de 12 (doze) meses a partir da sua assinatura.

2.2 Durante o prazo de validade desta Ata de Registro de Preços, a Administração ... não será obrigada a adquirir os produtos referidos no Anexo I exclusivamente pelo Sistema de Registro de Preços, podendo licitar quando julgar conveniente, sem que caiba recurso ou indenização de qualquer espécie às empresas detentoras, ou cancelar a Ata, na ocorrência de alguma das hipóteses legalmente previstas para tanto, garantidos à detentora, neste caso, o contraditório e a ampla defesa.

Cláusula 3 – Da utilização da Ata de Registro de Preços

3.1 A presente Ata de Registro de Preços poderá ser usada por todas as unidades e órgãos da Administração, desde que autorizada a sua utilização, em cada caso, pelo Exmo. Sr. ... .

Cláusula 4 – Do preço

4.1 O preço ofertado pelas empresas signatárias da presente Ata de Registro de Preços são os constantes do Anexo ..., de acordo com a respectiva classificação na Concorrência n. .../... .

4.2 Em cada fornecimento decorrente desta Ata, serão observadas, quanto ao preço, as cláusulas e condições constantes do Edital da Concorrência n. .../..., que a precedeu e integra o presente instrumento de compromisso.

4.3 Em cada fornecimento, o preço unitário a ser pago será o constante das propostas apresentadas, na Concorrência n. .../..., pelas empresas detentoras da presente Ata, as quais também a integram.

Cláusula 5 – Do local e prazo de entrega

5.1 Em cada fornecimento, o prazo de entrega do produto será o solicitado pela unidade requisitante, não podendo, todavia, ultrapassar 10 (dez) dias úteis da retirada da Nota de Empenho pelo fornecedor.

5.2 O prazo para a retirada da Nota de Empenho será de até 3 (três) dias úteis da data da publicação do aviso no *Diário Oficial*.

5.3 O local da entrega, em cada fornecimento, será o da unidade requisitante, entendida como tal qualquer unidade ou órgão da Administração, conforme estabelecido no item 3.1 da Cláusula 3 desta Ata.

Cláusula 6 – Do pagamento

6.1 O pagamento será efetuado no prazo de 30 (trinta) dias, contados do primeiro dia útil seguinte à entrega da documentação fiscal completa (nota fiscal, fatura e duplicata) e do atestado de recebimento definitivo do material no Protocolo da Administração. A ordem de pagamento será emitida pela Tesouraria Central da Administração, a favor da detentora da Ata, em agência do Banco ..., a ser indicada pela mesma na proposta comercial.

6.1.1 A contagem do prazo de pagamento terá início e encerramento em dias de expediente na Administração.

6.1.2 Havendo divergência ou erro na emissão da documentação fiscal, será interrompida a contagem do prazo para fins de pagamento, sendo iniciada nova contagem somente após a regularização da documentação fiscal.

Cláusula 7 – Das condições de fornecimento

7.1 O contrato de fornecimento só estará caracterizado mediante o recebimento da Nota de Empenho pelo fornecedor.

7.2 O fornecedor ficará obrigado a atender a todos os pedidos efetuados durante a vigência desta Ata, mesmo que a entrega deles decorrente estiver prevista para data posterior à do seu vencimento.

7.3 Se a qualidade dos produtos entregues não corresponder às especificações exigidas no Edital da Concorrência que precedeu a presente Ata, o material apresentado será devolvido ao fornecedor, para substituição no prazo máximo de 5 (cinco) dias, independentemente da aplicação das penalidades cabíveis.

7.4 Cada fornecimento deverá ser efetuado mediante solicitação da unidade requisitante, a qual poderá ser feita por memorando, ofício, *telex* ou fac-símile, devendo, desta, constar: a data, o valor unitário do produto, a quantidade pretendida, o local para a entrega, o carimbo e a assinatura do responsável na unidade requisitante.

7.5 Os produtos deverão ser entregues acompanhados da nota fiscal, fatura e duplicata, conforme o caso.

7.6 A empresa fornecedora, quando do recebimento do pedido feito pela unidade requisitante, deverá colocar, na cópia que necessariamente o acompanhar, a data e hora em que o recebeu, além da identificação de quem o recebeu.

7.7 A cópia do pedido referido no item anterior deverá ser devolvida para a unidade requisitante, a fim de ser anexada aos processos de requisição e de liquidação de despesa.

Cláusula 8 – Das penalidades

8.1 A recusa injustificada, das detentoras desta Ata, em retirar a Nota de Empenho dentro do prazo de 3 (três) dias úteis, contados a partir do recebimento do pedido de fornecimento, implicará a aplicação da multa de ... (...por cento) do valor da mesma.

8.2 Pela inexecução total ou parcial de cada ajuste representado pela Nota de Empenho, a Administração poderá aplicar, à detentora da Ata, as seguintes penalidades, sem prejuízo das demais sanções legalmente estabelecidas:

8.2.1 Multa:

8.2.1.1 de ... (... por cento) a ... (... por cento), esta última para atraso superior a 30 (trinta) dias, a ser calculada sobre o valor total da Nota de Empenho, para cada dia de atraso na entrega do produto;

8.2.1.2 de ... (...por cento) sobre o valor da inexecução, total ou parcial, sem prejuízo das demais cominações legais;

8.2.1.3 de ... (... por cento) do valor total da Nota de Empenho, em caso de rescisão contratual por inadimplência da detentora da Ata.

8.3 As importâncias relativas às multas serão descontadas dos pagamentos a serem efetuados à detentora da Ata, podendo, entretanto, conforme o caso, ser inscritas para constituir dívida ativa, na forma da lei.

8.4 As penalidades serão aplicadas sem prejuízo das demais sanções cabíveis, sejam estas administrativas ou penais, previstas na Lei n. 8.666/93.

8.5 Poderão ser aplicadas, ainda, as penas de suspensão temporária de participação em procedimento licitatório e impedimento de contratar com a Administração, por prazo não superior a 2 (dois) anos, e de declaração de inidoneidade para licitar.

Cláusula 9 – Do reajustamento de preços

9.1 Considerando o prazo de validade estabelecido no item 2.1 da Cláusula 2 da presente Ata, e em atendimento ao § 1º art. 28 da Lei federal n. 9.069, de 29.6.95, e demais legislação, é vedado qualquer reajustamento de preços.

9.2 Fica ressalvada a possibilidade de alteração das condições para a concessão de reajustes em face da superveniência de normas federais aplicáveis à espécie.

Cláusula 10 – Das condições de recebimento do objeto da Ata de Registro de Preços

10.1 O material objeto desta Ata de Registro de Preços será recebido pela unidade requisitante consoante o disposto no art. 73 da Lei federal n. 8.666/93 e demais normas pertinentes.

10.2 A cada fornecimento do produto será emitido recibo nos termos do art. 73, II, "a" e "b", da Lei federal n. 8.666/93, por pessoa a ser indicada na Nota de Empenho.

10.3 O recebimento definitivo não exime a detentora da Ata de sua responsabilidade, na forma da lei, pela qualidade, correção e segurança dos bens adquiridos.

10.4 O aceite da mercadoria ocorrerá nas dependências da Administração, no endereço de entrega especificado.

10.5 Todos os materiais deverão atender rigorosamente às especificações técnicas do Edital e seus Anexos, e das propostas apresentadas pelas detentoras da presente Ata. A entrega dos mesmos fora das especificações indicadas implicará recusa por parte da Administração, a qual os colocará à disposição da detentora para substituição.

Cláusula 11 – Do cancelamento da Ata de Registro de Preços

11.1 A Ata de Registro de Preços poderá ser cancelada, de pleno direito:

11.1.1 Pela Administração, quando:

11.1.1.1 A detentora não cumprir as obrigações constantes desta Ata de Registro de Preços.

11.1.1.2 A detentora não retirar a Nota de Empenho no prazo estabelecido e a Administração não aceitar sua justificativa.

11.1.1.3 A detentora der causa à rescisão administrativa de contrato decorrente de registro de preços.

11.1.1.4 Em qualquer das hipóteses de inexecução total ou parcial de contrato decorrente de registro de preços.

11.1.1.5 Os preços registrados se apresentarem superiores aos praticados no mercado.

11.1.1.6 Por razões de interesse público devidamente demonstradas e justificadas pela Administração.

11.1.1.7 A comunicação do cancelamento do preço registrado, nos casos previstos no item 11.1.1, será feita pessoalmente ou por correspondência com aviso de recebimento, juntando-se o comprovante aos autos que deram origem ao Registro de Preços.

a) No caso de ser ignorado, incerto ou inacessível o endereço da detentora, a comunicação será feita por publicação no *Diário Oficial*, por duas vezes consecutivas, considerando-se cancelado o preço registrado a partir da última publicação.

11.1.2 Pelas detentoras, quando, mediante solicitação por escrito, comprovarem estar impossibilitadas de cumprir as exigências desta Ata de Registro de Preços.

11.1.2.1 A solicitação das detentoras para cancelamento dos preços registrados deverá ser formulada com a antecedência de 30 (trinta) dias, facultada à Administração a aplicação das penalidades previstas na Cláusula 8, caso não aceitar as razões do pedido.

Cláusula 12 – Da autorização para aquisição e emissão de Nota de Empenho

12.1 As aquisições do objeto da presente Ata de Registro de Preços serão autorizadas, caso a caso, pelo Sr. ... .

12.1.1 A emissão das Notas de Empenho, sua retificação ou cancelamento, total ou parcial, serão igualmente autorizados pelo Sr. ..., ou a quem este delegar.

Cláusula 13 – Das disposições finais

13.1 Integram esta Ata o Edital da Concorrência n. ... e as propostas das Empresas ..., classificadas, respectivamente, em 1º, 2º e 3º lugares no certame supranumerado.

13.2 Fica eleito o foro da Comarca da Capital do Estado de ..., com renúncia expressa de qualquer outro, por mais privilegiado que seja, para toda e qualquer ação decorrente da utilização da presente Ata.

13.3 Os casos omissos serão resolvidos de acordo com a Lei federal n. 8.666/93 e alterações posteriores e com as demais normas aplicáveis. Subsidiariamente, aplicar-se-ão os princípios gerais de Direito.

..., ... de .... de ...

AUTORIDADE SUPERIOR

---
p/**EMPRESA A**

---
p/**EMPRESA B**

---
p/**EMPRESA C**

Testemunhas:

Nome: ...
RG: ...

Nome: ...
RG: ...

BIBLIOGRAFIA

ALCOFORADO, Luis Carlos. *Licitação e Contratos Administrativos.* Ed. Brasília Jurídica, 1998.

BANDEIRA DE MELLO, Celso Antônio. *Curso de Direito Administrativo.* 13ª ed. São Paulo, Malheiros Editores, 2001.

BITTENCOURT, Sidney. *Licitação Passo a Passo.* 2ª ed. revista e atualizada, Rio de Janeiro, Ed. Lumen Juris, 1997.

CITADINI, Antonio Roque. *Comentários e Jurisprudência sobre a Lei de Licitações Públicas.* São Paulo, Ed. Max Limonad, 1996.

COELHO MOTTA, Carlos Pinto. *Eficácia nas Licitações e Contratos.* 6ª ed. revista, atualizada e ampliada, Belo Horizonte, Ed. Del Rey, 1997.

CRETELLA JÚNIOR, José. *Das Licitações Públicas.* 15ª ed., Rio de Janeiro, Forense, 1998.

DALLARI, Adilson de Abreu. *Aspectos Jurídicos da Licitação.* 4ª ed., São Paulo, Saraiva, 1997.

GASPARINI, Diogenes. *Comissões de Licitação.* São Paulo, Ed. NDJ, 1997.

GRAU, Eros Roberto. *Licitação e Contrato Administrativo (estudos e interpretação da lei).* São Paulo, Malheiros Editores, 1995.

JUSTEN FILHO, Marçal. *Comentários à Lei de Licitações e Contratos Administrativos.* 5ª ed. revista e ampliada, São Paulo, Dialética, 1998.

LEÃO, Eliana Goulart. *O sistema de Registros de Preços. Uma Revolução nas Licitações.* São Paulo, Bookseller, 1997.

MEIRELLES, Hely Lopes. *Direito Administrativo Brasileiro.* 26ª ed. São Paulo, Malheiros Editores, 2001.

_____. *Licitação e Contrato Administrativo.* 12ª ed., São Paulo, Malheiros Editores, 2001.

PEREIRA JÚNIOR, Jessé Torres. *Comentários à Lei das Licitações e Contratações da Administração Pública.* 3ª ed., Rio de Janeiro, Ed. Renovar, 1995.

RIGOLIN, Ivan Barbosa / BOTTINO, Marco Tullio. *Manual Prático das Licitações.* São Paulo, Saraiva, 1995.

SANTOS, Márcia Walquiria Batista dos. *Temas Polêmicos sobre Licitações e Contratos.* Org. Maria Sylvia Zanella Di Pietro. 5ª ed. São Paulo, Malheiros Editores, 2001.

SUNDFELD, Carlos Ari. *Licitação e Contrato Administrativo.* 2ª ed. São Paulo, Malheiros Editores, 1995.

TOLOSA FILHO, Benedicto de. *Lei das Concessões e Permissões de Serviços Públicos Comentada e Anotada.* Rio de Janeiro, Ed. AIDE, 1995.

ANEXO: LEI DAS LICITAÇÕES E CONTRATOS

LEI N. 8.666, DE 21 DE JUNHO DE 1993

(Com as alterações introduzidas pela Lei n. 8.883, de 8.6.94, *DOU* 9.6.94; atualizada pelas Leis n. 9.032/95, 9.648/98 e 9.854/99)

Regulamento o art. 37, inciso XXI, da Constituição Federal, institui normas para licitações e contratos da Administração Pública e dá outras providências.

O Presidente da República

Faço saber que o Congresso Nacional decreta e eu sanciono a seguinte Lei:

CAPÍTULO I – DAS DISPOSIÇÕES GERAIS

Seção I – Dos Princípios

Art. 1º. Esta Lei estabelece normas gerais sobre licitações e contratos administrativos pertinentes a obras, serviços, inclusive de publicidade, compras, alienações e locações no âmbito dos Poderes da União, dos Estados, do Distrito Federal e dos Municípios.

Parágrafo único. Subordinam-se ao regime desta Lei, além dos órgãos da Administração direta, os fundos especiais, as autarquias, as fundações públicas, as empresas públicas, as sociedades de economia mista e demais entidades controladas direta ou indiretamente pela União, Estados, Distrito Federal e Municípios.

Art. 2º. As obras, serviços, inclusive de publicidade, compras, alienações, concessões, permissões e locações da Administração Pública, quando contratadas com terceiros, serão necessariamente precedidas de licitação, ressalvadas as hipóteses previstas nesta Lei.

Parágrafo único. Para os fins desta Lei, considera-se contrato todo e qualquer ajuste entre órgãos ou entidades da Administração Pública e particulares, em que haja um acordo de vontade para a formação de vínculo e a estipulação de obrigações recíprocas, seja qual for a denominação utilizada.

Art. 3º. A licitação destina-se a garantir a observância do princípio constitucional da isonomia e a selecionar a proposta mais vantajosa para a Administração e será processada e julgada em estrita conformidade com os princípios básicos da legalidade, da impessoalidade, da moralidade, da igualdade, da publicidade, da probidade administrativa, da vinculação ao instrumento convocatório, do julgamento objetivo e dos que lhes são correlatos.

§ 1º. É vedado aos agentes públicos:

I – admitir, prever, incluir ou tolerar, nos atos de convocação, cláusulas ou condições que comprometam, restrinjam ou frustrem o seu caráter competitivo e estabeleçam preferências ou distinções em razão da naturalidade, de sede ou domicílio dos licitantes ou de qualquer outra circunstância impertinente ou irrelevante para o específico objeto do contrato;

II – estabelecer tratamento diferenciado de natureza comercial, legal, trabalhista, previdenciária ou qualquer outra, entre empresas brasileiras e estrangeiras, inclusive no que se refere a moeda, modalidade e local de pagamentos, mesmo quando envolvidos financiamentos de agências internacionais, ressalvado o disposto no parágrafo seguinte e no art. 3º da Lei n. 8.248, de 23 de outubro de 1991.

§ 2º. Em igualdade de condições, como critério de desempate, será assegurada preferência sucessivamente, aos bens e serviços:

I – produzidos ou prestados por empresas brasileiras de capital nacional;

II – produzidos no País;

III – produzidos ou prestados por empresas brasileiras.

§ 3º. A licitação não será sigilosa, sendo públicos e acessíveis ao público os atos de seu procedimento, salvo quanto ao conteúdo das propostas, até a respectiva abertura.

§ 4º. *(Vetado)*.

Art. 4º. Todos quantos participem de licitação promovida pelos órgãos ou entidades a que se refere o art. 1º têm direito público subjetivo à fiel observância do pertinente procedimento estabelecido nesta Lei, podendo qualquer cidadão acompanhar o seu desenvolvimento, desde que não interfira de modo a perturbar ou impedir a realização dos trabalhos.

Parágrafo único. O procedimento licitatório previsto nesta Lei caracteriza ato administrativo formal, seja ele praticado em qualquer esfera da Administração Pública.

Art. 5º. Todos os valores, preços e custos utilizados nas licitações terão como expressão monetária a moeda corrente nacional, ressalvado o disposto no art. 42 desta Lei, devendo cada unidade da Administração, no pagamento das obrigações relativas ao fornecimento de bens, locações, realização de obras e prestação de serviços, obedecer, para cada fonte diferenciada de recursos, a estrita ordem cronológica das datas de suas exigibilidades, salvo quando presentes relevantes razões de interesse público e mediante prévia justificativa da autoridade competente, devidamente publicada.

§ 1º. Os créditos a que se refere artigo terão seus valores corrigidos por critérios previstos no ato convocatório e que lhes preservem o valor.

§ 2º. A correção de que trata o parágrafo anterior, cujo pagamento será feito junto com o principal, correrá à conta das mesmas dotações orçamentárias que atenderam aos créditos a que se referem.

§ 3º. Observado o disposto no *caput*, os pagamentos decorrentes de despesas cujos valores não ultrapassem o limite de que trata o inciso II do art. 24, sem prejuízo do que dispõe seu parágrafo único, deverão ser efetuados no prazo de até 5 (cinco) dias úteis, contados da apresentação da fatura. *(acrescentado pela Lei n. 9.648, de 27.5.1998)*

Seção II – Das Definições

Art. 6º. Para fins desta Lei, considera-se:

I – Obra – toda construção, reforma, fabricação, recuperação ou ampliação, realizada por execução direta ou indireta;

II – Serviço – toda atividade destinada a obter determinada utilidade de interesse para a Administração, tais como: demolição, conserto, instalação, montagem, operação, conservação, reparação, adaptação, manutenção, transporte, locação de bens, publicidade, seguro ou trabalhos técnico-profissionais;

III – Compra – toda aquisição remunerada de bens para fornecimento de uma só vez ou parceladamente;

IV – Alienação – toda transferência de domínio de bens a terceiros;

V – Obras, serviços e compras de grande vulto – aquelas cujo valor estimado seja superior a 25 (vinte e cinco) vezes o limite estabelecido na alínea "c" do inciso I do art. 23 desta Lei;

VI – Seguro-garantia – o seguro que garante o fiel cumprimento das obrigações assumidas por empresas em licitações e contratos;

VII – Execução direta – a que é feita pelos órgãos e entidades da Administração pelos próprios meios;

VIII- Execução indireta – a que o órgão ou entidade contrata com terceiros, sob qualquer dos seguintes regimes:

a) empreitada por preço global – quando se contrata a execução da obra ou do serviço por preço certo e total;

b) empreitada por preço unitário – quando se contrata a execução da obra ou do serviço por preço certo de unidades determinadas;

c) (*vetado*);

d) tarefa – quando se ajusta mão-de-obra para pequenos trabalhos por preço certo, com ou sem fornecimento de materiais;

e) empreitada integral – quando se contrata um empreendimento em sua integralidade compreendendo todas as etapas das obras, serviços e instalações necessárias sob inteira responsabilidade da contratada até a sua entrega ao contratante, em condições de entrada em operação, atendidos os requisitos técnicos e legais para sua utilização em condições de segurança estrutural e operacional e com as características adequadas às finalidades para que foi contratada.

IX – Projeto Básico – conjunto de elementos necessários e suficientes, com nível de precisão adequado, para caracterizar a obra ou serviço, ou complexo de obras ou serviços objeto da licitação, elaborado com base nas indicações dos estudos técnicos preliminares, que assegurem a viabilidade técnica e o adequado tratamento do impacto ambiental do empreendimento, e que possibilite a avaliação do custo da obra e a definição dos métodos e do prazo de execução, devendo conter os seguintes elementos:

a) desenvolvimento da solução escolhida de forma a fornecer visão global da obra e identificar todos os seus elementos constitutivos com clareza;

b) soluções técnicas globais e localizadas, suficientemente detalhadas, de forma a minimizar a necessidade de reformulação ou de variantes durante as fases de elaboração do projeto executivo e de realização das obras e montagem;

c) identificação dos tipos de serviços a executar e de materiais e equipamentos a incorporar à obra, bem como suas especificações que assegurem os melhores resultados para o empreendimento, sem frustrar o caráter competitivo para a sua execução;

d) informações que possibilitem o estudo e a dedução de métodos construtivos, instalações provisórias e condições organizacionais para a obra, sem frustrar o caráter competitivo para a sua execução;

e) subsídios para montagem do plano de licitação e gestão da obra, compreendendo a sua programação, a estratégia de suprimentos, as normas de fiscalização e outros dados necessários em cada caso;

f) orçamento detalhado do custo global da obra, fundamentado em quantitativos de serviços e fornecimentos propriamente avaliados;

X – Projeto Executivo – o conjunto dos elementos necessários e suficientes à execução completa da obra, de acordo com as normas pertinentes da Associação Brasileira de Normas Técnicas – ABNT;

XI – Administração Pública – a Administração direta e indireta da União, dos Estados, do Distrito Federal e dos Municípios, abrangendo inclusive as entidades com personalidade jurídica de direito privado sob controle do Poder Público e das fundações por ele instituídas ou mantidas;

XII – Administração – órgão, entidade, ou unidade administrativa pela qual a Administração Pública opera e atua concretamente;

XIII – Imprensa oficial – veículo oficial de divulgação da Administração Pública, sendo para a União o *Diário Oficial da União*, e, para os Estados, o Distrito Federal e os Municípios, o que for definido nas respectivas leis;

XIV – Contratante – é o órgão ou entidade signatária do instrumento contratual;

XV – Contratado – a pessoa física ou jurídica signatária de contrato com a Administração Pública;

XVI – Comissão – comissão, permanente ou especial, criada pela Administração com a função de receber, examinar e julgar todos os documentos e procedimentos relativos às licitações e ao cadastramento de licitantes.

Seção III – Das Obras e Serviços

Art. 7º. As licitações para a execução de obras e para a prestação de serviços obedecerão ao disposto neste artigo e, em particular, à seguinte seqüência:

I – projeto básico;

II – projeto executivo;

III – execução das obras e serviços.

§ 1º. A execução de cada etapa será obrigatoriamente precedida da conclusão e aprovação, pela autoridade competente, dos trabalhos relativos às etapas anteriores à exceção do projeto executivo, o qual poderá ser desenvolvido concomitantemente com a execução das obras e serviços, desde que também autorizado pela Administração.

§ 2º. As obras e os serviços somente poderão ser licitados quando:

I – houver projeto básico aprovado pela autoridade competente e disponível para exame dos interessados em participar do processo licitatório;

II – existir orçamento detalhado em planilhas que expressam a composição de todos os seus custos unitários;

III – houver previsão de recursos orçamentários que assegurem o pagamento das obrigações decorrentes de obras ou serviços a serem executados no exercício financeiro em curso, de acordo com o respectivo cronograma;

IV – o produto dela esperado estiver contemplado nas metas estabelecidas no Plano Plurianual de que trata o art. 165 da Constituição Federal, quando for o caso.

§ 3º. É vedado incluir no objeto da licitação a obtenção de recursos financeiros para sua execução, qualquer que seja a sua origem, exceto nos casos de empreendimentos executados e explorados sob o regime de concessão, nos termos da legislação específica.

§ 4º. É vedada, ainda, a inclusão, no objeto da licitação, de fornecimento de materiais e serviços sem previsão de quantidades ou cujos quantitativos não correspondam às previsões reais do projeto básico ou executivo.

§ 5º. É vedada a realização de licitação cujo objeto inclua bens e serviços sem similaridade ou de marcas, características e especificações exclusivas, salvo nos casos em que for tecnicamente justificável, ou ainda quando o fornecimento de tais materiais e serviços for feito sob o regime de administração contratada, previsto e discriminado no ato convocatório.

§ 6º. A infringência do disposto neste artigo implica a nulidade dos atos ou contratos realizados e a responsabilidade de quem lhes tenha dado causa.

§ 7º. Não será ainda computado como valor da obra ou serviço, para fins de julgamento das propostas de preços, a atualização monetária das obrigações de pagamento desde a data final de cada período de aferição até a do respectivo pagamento, que será calculada pelos mesmos critérios estabelecidos obrigatoriamente no ato convocatório.

§ 8º. Qualquer cidadão poderá requerer à Administração Pública os quantitativos das obras e preços unitários de determinada obra executada.

§ 9º. O disposto neste artigo aplica-se também, no que couber, aos casos de dispensa e de inexigibilidade de licitação.

Art. 8º. A execução das obras e dos serviços deve programar-se, sempre, em sua totalidade, previstos seus custos atual e final, e considerados os prazos de sua execução.

Parágrafo único. É proibido o retardamento imotivado da execução de obra ou serviço, ou de suas parcelas, se existente previsão orçamentária para sua execução total, salvo insuficiência financeira ou comprovado motivo de ordem técnica, justificados em despacho circunstanciado da autoridade a que se refere o art. 26 desta Lei.

Art. 9º. Não poderá participar, direta ou indiretamente, da licitação ou da execução de obra ou serviço e do fornecimento de bens a eles necessários:

I – o autor do projeto básico ou executivo, pessoa física ou jurídica;

II – empresa, isoladamente ou em consórcio, responsável pela elaboração do projeto básico ou executivo ou da qual o autor do projeto seja dirigente, gerente, acionista ou detentor de mais de 5% (cinco por cento) do capital com direito a voto ou controlador, responsável técnico ou subcontratado;

III – servidor ou dirigente de órgão ou entidade contratante ou responsável pela licitação.

§ 1º. É permitida a participação do autor do projeto ou da empresa a que se refere o inciso II deste artigo, na licitação de obra ou serviço, ou na execução, como consultor ou técnico, nas funções de fiscalização, supervisão ou gerenciamento exclusivamente a serviço da Administração interessada.

§ 2º. O disposto neste artigo não impede a licitação ou contratação de obra ou serviço que inclua a elaboração de projeto executivo como encargo do contratado ou pelo preço previamente fixado pela Administração.

§ 3º. Considera-se participação indireta, para fins do disposto nesta artigo, a existência de qualquer vínculo de natureza técnica, comercial, econômica, financeira ou trabalhista entre o autor do projeto, pessoa física ou jurídica, e o licitante ou responsável pelos serviços, fornecimentos e obras, incluindo-se os fornecimentos de bens e serviços a estes necessários.

§ 4º. O disposto no parágrafo anterior aplica-se aos membros da comissão de licitação.

Art. 10. As obras e serviços poderão ser executados nas seguintes formas:

I – execução direta;

II – execução indireta, nos seguintes regimes:

a) empreitada por preço global;

b) empreitada por preço unitário;

c) (*vetado*);

d) tarefa;

e) empreitada integral.

Parágrafo único. (Vetado).

Art. 11. As obras e serviços destinados aos mesmos fins terão projetos padronizados por tipos, categorias ou classes, exceto quando o projeto-padrão não atender às condições peculiares do local ou às exigências específicas do empreendimento.

Art. 12. Nos projetos básicos e projetos executivos de obras e serviços serão considerados principalmente os seguintes requisitos:

I – segurança;

II – funcionalidade e adequação ao interesse público;

III – economia na execução, conservação e operação;

IV – possibilidade de emprego de mão-de-obra, materiais, tecnologia e matérias-primas existentes no local para execução, conservação e operação;

V – facilidade na execução, conservação e operação, sem prejuízo da durabilidade da obra ou do serviço;

VI – adoção das normas técnicas de saúde e de segurança do trabalho adequadas;

VII – impacto ambiental.

Seção IV – Dos Serviços Técnicos Profissionais Especializados

Art. 13. Para os fins desta Lei, consideram-se serviços técnicos profissionais especializados os trabalhos relativos a:

I – estudos técnicos, planejamentos e projetos básicos ou executivos;

II – pareceres, perícias e avaliações em geral;

III – assessorias ou consultorias técnicas e auditorias financeiras ou tributárias;

IV – fiscalização, supervisão ou gerenciamento de obras ou serviços;

V – patrocínio ou defesa de causas judiciais ou administrativas;

VI – treinamento e aperfeiçoamento de pessoal;

VII – restauração de obras de arte e bens de valor histórico;

VIII – (*vetado*).

§ 1º. Ressalvados os casos de inexigibilidade de licitação, os contratos para a prestação de serviços técnicos profissionais especializados deverão, preferencialmente, ser celebrados mediante a realização de concurso, com estipulação prévia de prêmio ou remuneração.

§ 2º. Aos serviços técnicos previstos neste artigo aplica-se, no que couber, o disposto no art. 111 desta Lei.

§ 3º. A empresa de prestação de serviços técnicos especializados que apresente relação de integrantes de seu corpo técnico em procedimento licitatório ou como elemento de justificação de dispensa ou inexigibilidade de licitação, ficará obrigada a garantir que os referidos integrantes realizem pessoal e diretamente os serviços objeto do contrato.

Seção V – Das Compras

Art. 14. Nenhuma compra será feita sem a adequada caracterização de seu objeto e indicação dos recursos orçamentários para seu pagamento, sob pena de nulidade do ato e responsabilidade de quem lhe tiver dado causa.

Art. 15. As compras, sempre que possível, deverão:

I – atender ao princípio da padronização, que imponha compatibilidade de especificações técnicas e de desempenho, observadas, quando for o caso, as condições de manutenção, assistência técnica e garantia oferecidas;

II – ser processadas através de sistema de registro de preços;

III – submeter-se às condições de aquisição e pagamento semelhantes às do setor privado;

IV – ser subdivididas em tantas parcelas quantas necessárias para aproveitar as peculiaridades do mercado, visando economicidade;

V – balizar-se pelo preços praticados no âmbito dos órgãos e entidades da Administração Pública.

§ 1º. O registro de preços será precedido de ampla pesquisa de mercado.

§ 2º. Os preços registrados serão publicados trimestralmente para orientação da Administração, na imprensa oficial.

§ 3º. O sistema de registro de preços será regulamento por decreto, atendidas as peculiaridades regionais, observadas as seguintes condições:

I – seleção feita mediante concorrência;

II – estipulação prévia do sistema de controle e atualização dos preços registrados;

III – validade do registro não superior a 1 (um) ano.

§ 4º. A existência de preços registrados não obriga a Administração a firmar as contratações que deles poderão advir, ficando-lhe facultada a utilização de outros meios, respeitada a legislação relativa às licitações, sendo assegurado ao beneficiário do registro preferência em igualdade de condições.

§ 5º. O sistema de controle originado no quadro geral de preços, quando possível, deverá ser informatizado.

§ 6º. Qualquer cidadão é parte legítima para impugnar preço constante do quadro geral em razão de incompatibilidade desse com o preço vigente no mercado.

§ 7º. Nas compras deverão ser observadas, ainda:

I – a especificação completa do bem a ser adquirido sem indicação de marca;

II – a definição das unidades e das quantidades a serem adquiridas em função do consumo e utilização prováveis, cuja estimativa será obtida, sempre que possível, mediante adequadas técnicas quantitativas de estimação;

III – as condições de guarda e armazenamento que não permitam a deterioração do material.

§ 8º. O recebimento de material de valor superior ao limite estabelecido no art. 23 desta Lei, para a modalidade de convite, deverá ser confiado a uma comissão de, no mínimo, 3 (três) membros.

Art. 16. Será dada publicidade, mensalmente, em órgão de divulgação oficial ou em quadro de avisos de amplo acesso público, à relação de todas as compras feitas pela Administração direta ou indireta, de maneira a clarificar a identificação do bem comprado, seu preço unitário, a quantidade adquirida, o nome do vendedor e o valor total da operação, podendo ser aglutinadas por itens as compras feitas com dispensa e inexigibilidade de licitação.

Parágrafo único. O disposto neste artigo não se aplica aos casos de dispensa de licitação previstos no inciso IX do art. 24.

Seção VI – Das Alienações

Art. 17. A alienação de bens da Administração Pública, subordinada à existência de interesse público devidamente justificado, será precedida de avaliação e obedecerá às seguintes normas:

I – quando imóveis, dependerá de autorização legislativa para órgãos da Administração direta e entidades autárquicas e fundacionais e, para todos, inclusive as entidades paraestatais, dependerá de avaliação prévia e de licitação na modalidade de concorrência, dispensada esta nos seguintes casos:

a) dação em pagamento;

b) doação, permitida exclusivamente para outro órgão ou entidade da Administração Pública, de qualquer esfera de governo;

c) permuta, por outro imóvel que atenda aos requisitos constantes do inciso X do art. 24 desta Lei;

d) investidura;

e) venda a outro órgão ou entidade da Administração Pública, de qualquer esfera de governo;

f) alienação, concessão de direito real de uso, locação ou permissão de uso de bens imóveis construídos e destinados ou efetivamente utilizados no âmbito de programas habitacionais de interesse social, por órgãos ou entidades da Administração Pública especificamente criados para esse fim;

II – quando móveis dependerá de avaliação prévia e de licitação, dispensada esta nos seguintes casos:

a) doação, permitida exclusivamente para fins e uso de interesse social, após avaliação de sua oportunidade e conveniência sócio-econômica, relativamente à escolha de outra forma de alienação;

b) permuta, permitida exclusivamente entre órgãos ou entidades da Administração Pública;

c) venda de ações, que poderão ser negociadas em Bolsa, observada a legislação específica;

d) venda de títulos, na forma da legislação pertinente;

e) venda de bens produzidos ou comercializados por órgãos ou entidades de Administração Pública, em virtude de suas finalidades;

f) venda de materiais e equipamentos para outros órgãos ou entidades da Administração Pública, sem utilização previsível por quem deles dispõe.

§ 1º. Os imóveis doados com base na alínea "b" do inciso I deste artigo, cessadas as razões que justificaram a sua doação, reverterão ao patrimônio da pessoa jurídica doadora, vedada a sua alienação pelo beneficiário.

§ 2º. A Administração poderá conceder direito real de uso de bens imóveis, dispensada licitação, quando o uso se destina a outro órgão ou entidade da Administração Pública.

§ 3º. Entende-se por investidura, para os fins desta Lei:

I – a alienação aos proprietários de imóveis lindeiros de área remanescente ou resultante de obra pública, área esta que se tornar inaproveitável isoladamente, por preço nunca inferior ao da avaliação e desde que esse não ultrapasse a 50% (cinqüenta por cento) do valor constante da alínea "a" do inciso II do art. 23 desta Lei;

II – a alienação, aos legítimos possuidores diretos ou, na falta destes, ao Poder Público, de imóveis para fins residenciais construídos em núcleos urbanos anexos a usinas hidrelétricas, desde que considerados dispensáveis na fase de operação dessas unidades e não integrem a categoria de bens reversíveis ao final da concessão.

§ 4º. A doação com encargo será licitada e de seu instrumento constarão obrigatoriamente os encargos, o prazo de seu cumprimento e cláusula de reversão, sob pena de nulidade do ato, sendo dispensada a licitação no caso de interesse público devidamente justificado.

§ 5º. Na hipótese do parágrafo anterior, caso o donatário necessite oferecer o imóvel em garantia de financiamento, a cláusula de reversão e demais obrigações serão garantidas por hipoteca em segundo grau em favor do doador.

§ 6º. Para a venda de bens móveis avaliados, isolada ou globalmente, em quantia não superior ao limite previsto no art. 23, inciso II, alínea "b", desta Lei, a Administração poderá permitir o leilão.

Art. 18. Na concorrência para a venda de bens imóveis, a fase de habilitação limitar-se-á à comprovação do recolhimento de quantia correspondente a 5% (cinco por cento) da avaliação.

Art. 19. Os bens imóveis da Administração Pública, cuja aquisição haja derivado de procedimentos judiciais ou de dação em pagamento, poderão ser alienados por ato da autoridade competente, observadas as seguintes regras:

I – avaliação dos bens alienáveis;

II – comprovação da necessidade ou utilidade da alienação;

III – adoção do procedimento licitatório, sob a modalidade de concorrência ou leilão.

CAPÍTULO II – DA LICITAÇÃO

Seção I – Das Modalidades, Limites e Dispensa

Art. 20. As licitações serão efetuadas no local onde se situar a repartição interessada, salvo por motivo de interesse público, devidamente justificado.

Parágrafo único. O disposto neste artigo não impedirá a habilitação de interessados residentes ou sediados em outros locais.

Art. 21. Os avisos contendo os resumos dos editais das concorrências e das tomadas de preços, dos concursos e dos leilões, embora realizadas no local da repartição interessada, deverão ser publicados com antecedência, no mínimo, por uma vez:

I – no *Diário Oficial da União*, quando se tratar de licitação feita por órgão ou entidade da Administração Pública Federal, e, ainda quando se tratar de obras financiadas parcial ou totalmente com recursos federais ou garantidas por instituições federais;

II – no *Diário Oficial* do Estado, ou do Distrito Federal, quando se tratar respectivamente de licitação feita por órgão ou entidade da Administração Pública Estadual ou Municipal, ou do Distrito Federal;

III – em jornal diário de grande circulação no Estado e também, se houver, em jornal de circulação no Município ou na região onde será realizada a obra, prestado o serviço, fornecido, alienado ou alugado o bem, podendo ainda a Administração, conforme o vulto da licitação, utilizar-se de outros meios de divulgação para ampliar a área de competição.

§ 1º. O aviso publicado conterá a indicação do local em que os interessados poderão ler e obter o texto integral do edital e todas as informações sobre a licitação.

§ 2º. O prazo mínimo até o recebimento das propostas ou da realização do evento será:

I – 45 (quarenta e cinco) dias para:

a) concurso;

b) concorrência, quando o contrato a ser celebrado contemplar o regime de empreitada integral ou quando a licitação for do tipo "melhor técnica" ou "técnica e preço";

II – 30 (trinta) dias para:

a) concorrência, nos casos não especificados na alínea "b" do inciso anterior;

b) tomada de preços, quando a licitação for do tipo "melhor técnica" ou "técnica e preço";

III – 15 (quinze) dias para tomada de preços, nos casos não especificados na alínea "b" do inciso anterior; ou leilão;

IV – 5 (cinco) dias úteis para convite.

§ 3º. Os prazos estabelecidos no parágrafo anterior serão contados a partir da última publicação do edital resumido ou da expedição do convite, ou ainda da efetiva disponibilidade do edital ou do convite e respectivos anexos, prevalecendo a data que ocorrer mais tarde.

§ 4º. Qualquer modificação no edital exige divulgação pela mesma forma que se deu o texto original, reabrindo-se o prazo inicialmente estabelecido, exceto quando, inquestionavelmente, a alteração não afetar a formulação das propostas.

Art. 22. São modalidades de licitação:

I – concorrência;

II – tomada de preços;

III – convite;

IV – concurso;

V – leilão.

§ 1º. Concorrência é a modalidade de licitação entre quaisquer interessados que, na fase inicial de habilitação preliminar, comprovem possuir os requisitos mínimos de qualificação exigidos no edital para execução de seu objeto.

§ 2º. Tomada de preços é a modalidade de licitação entre interessados devidamente cadastrados ou que atenderem a todas as condições exigidas para cadastramento até o terceiro dia anterior à data do recebimento das propostas, observada a necessária qualificação.

§ 3º. Convite é a modalidade de licitação entre interessados do ramo pertinente ao seu objeto, cadastrados ou não, escolhidos e convidados em número mínimo de 3 (três) pela unidade administrativa, a qual afixará, em local apropriado, cópia do instrumento convocatório e o estenderá aos demais cadastrados na correspondente especialidade que manifestarem seu interesse com antecedência de até 24 (vinte e quatro) horas da apresentação das propostas.

§ 4º. Concurso é a modalidade de licitação entre quaisquer interessados para escolha de trabalho técnico, científico ou artístico, mediante a instituição de prêmios ou remuneração aos vencedores, conforme critérios constantes de edital publicado na imprensa oficial com antecedência mínima de 45 (quarenta e cinco) dias.

§ 5º. Leilão é a modalidade de licitação entre quaisquer interessados para a venda de bens móveis inservíveis para a Administração ou de produtos legalmente apreendidos ou penhorados, ou para a alienação de bens imóveis prevista no art. 19, a quem oferecer o maior lance, igual ou superior ao valor da avaliação.

§ 6º. Na hipótese do § 3º desde artigo, existindo na praça mais de 3 (três) possíveis interessados, a cada novo convite, realizado para objeto idêntico ou assemelhado, é obrigatório o convite a, no mínimo, mais 1 (um) interessado, enquanto existirem cadastrados não convidados nas últimas licitações.

§ 7º. Quando, por limitações do mercado ou manifesto desinteresse dos convidados, for impossível a obtenção do número mínimo de licitantes exigidos no § 3º deste artigo, essas circunstâncias deverão ser devidamente justificadas no processo, sob pena de repetição do convite.

§ 8º. É vedada a criação de outras modalidades de licitação ou a combinação das referidas neste artigo.

§ 9º. Na hipótese do § 2º deste artigo, a Administração somente poderá exigir do licitante não cadastrado os documentos previstos nos arts. 27 a 31, que comprovem habilitação compatível com o objeto da licitação, nos termos do edital.

Art. 23. As modalidades de licitação a que se referem os incisos I a III do artigo anterior serão determinadas em função dos seguintes limites, tendo em vista o valor estimado da contratação:

I – para obras e serviços de engenharia:

a) convite: até R$ 150.000,00 (cento e cinqüenta mil reais);
b) tomada de preços: até R$ 1.500.000,00 (um milhão e quinhentos mil reais);
c) concorrência: acima de R$ 1.500.000,00 (um milhão e quinhentos mil reais);

II – para compras e serviços não referidos no inciso anterior:

a) convite: até R$ 80.000,00 (oitenta mil reais);
b) tomada de preços: até R$ 650.000,00 (seiscentos e cinqüenta mil reais);
c) concorrência: acima de R$ 650.000,00 (seiscentos e cinqüenta mil reais).

§ 1º. As obras, serviços e compras efetuadas pela Administração serão divididas em tantas parcelas quantas se comprovarem técnica e economicamente viáveis, procedendo-se à licitação com vistas ao melhor aproveitamento dos recursos disponíveis no mercado e à ampliação da competitividade sem perda da economia de escala.

§ 2º. Na execução de obras e serviços e nas compras de bens, parceladas nos termos do parágrafo anterior, a cada etapa ou conjunto de etapas da obra, serviço ou compra há de corresponder licitação distinta, preservada a modalidade pertinente para a execução do objeto em licitação.

§ 3º. A concorrência é a modalidade de licitação cabível, qualquer que seja o valor de seu objeto, tanto na compra ou alienação de bens imóveis, ressalvado o disposto no art. 19, como nas concessões de direito real de uso e nas licitações internacionais, admitindo-se neste último caso, observados os limites deste artigo, a tomada de preços, quando o órgão ou entidade dispuser de cadastro internacional de fornecedores, ou o convite, quando não houver fornecedor do bem ou serviço no País.

§ 4º. Nos casos em que couber convite, a Administração poderá utilizar a tomada de preços e, em qualquer caso, a concorrência.

§ 5º. É vedada a utilização da modalidade convite ou tomada de preços, conforme o caso, para parcelas de uma mesma obra ou serviço, ou ainda para obras e serviços da mesma natureza e no local que possam ser realizados conjunta e concomitantemente, sempre que o somatório de seus valores caracterizar o caso de tomada de preços ou concorrência, respectivamente, nos termos deste artigo, exceto para as parcelas de natureza específica que possam ser executadas por pessoas ou empresas de especialidade diversa daquele do executor da obra ou serviço.

§ 6º. As organizações industriais da Administração Federal direta, em face de suas peculiaridades, obedecerão aos limites estabelecidos no inciso I deste artigo também para suas compras e serviços em geral, desde que para a aquisição de materiais aplicados exclusivamente na manutenção, reparo ou fabricação de meios operacionais bélicos pertencentes à União.

§ 7º. Na compra de bens de natureza divisível e desde que não haja prejuízo para o conjunto ou complexo, é permitida a cotação de quantidade inferior à demandada na licitação, com vistas à ampliação da competitividade, podendo o edital fixar quantitativo mínimo para preservar a economia de escala.

Art. 24. É dispensável a licitação:

I – para obras e serviços de engenharia de valor até 10% (dez por cento) do limite previsto na alínea "a" do inciso I do artigo anterior, desde que não se refiram a parcelas de uma mesma obra ou serviço ou ainda para obras e serviços da mesma natureza e no mesmo local que possam ser realizadas conjunta e concomitantemente;

II – para outros serviços e compras de valor até 10% (dez por cento) do limite previsto na alínea "a" do inciso II do artigo anterior, e para alienações, nos casos previstos nesta Lei, desde que não se refiram a parcelas de um mesmo serviço, compra ou alienação de maior vulto que possa ser realizada de uma só vez;

III – nos casos de guerra ou grave perturbação da ordem;

IV – nos casos de emergência ou de calamidade pública, quando caracterizada urgência de atendimento de situação que possa ocasionar prejuízo ou comprometer a segurança de pessoas, obras, serviços, equipamentos e outros bens, públicos ou particulares, e somente para os bens necessários ao atendimento da situação emergencial ou calamitosa e para as parcelas de obras e serviços que possam ser concluídos no prazo máximo de 180 (cento e oitenta) dias consecutivos e ininterruptos, contados da ocorrência da emergência ou calamidade, vedada a prorrogação dos respectivos contratos;

V – quando não acudirem interessados à licitação anterior e esta, justificadamente, não puder ser repetida sem prejuízo para a Administração, mantidas, neste caso, todas as condições preestabelecidas;

VI – quando a União tiver que intervir no domínio econômico para regular preços ou normalizar o abastecimento;

VII – quando as propostas apresentadas consignarem preços manifestamente superiores aos praticados no mercado nacional, ou forem incompatíveis com os fixados pelos órgãos oficiais competentes, casos em que, observado o parágrafo único do art. 48 desta Lei e, persistindo a situação, será admitida a adjudicação direta dos bens ou serviços, por valor não superior ao constante do registro de preços, ou dos serviços;

VIII – para aquisição, por pessoa jurídica de direito público interno, de bens produzidos ou serviços prestados por órgão ou entidade que integre a Administração Pública e que tenha sido criado para esse fim específico em data anterior à vigência desta Lei, desde que o preço contratado seja compatível com o praticado no mercado;

IX – quando houver possibilidade de comprometimento da segurança nacional, nos casos estabelecidos em decreto do Presidente da República, ouvido o Conselho de Defesa Nacional;

X – para compra ou locação de imóvel destinado ao atendimento das finalidades precípuas da Administração, cujas necessidades de instalação e localização condicionem a sua escolha, desde que o preço seja compatível com o valor de mercado, segundo avaliação prévia;

XI – na contratação de remanescente de obra, serviço ou fornecimento, em conseqüência de rescisão contratual, desde que atendida a ordem de classificação da licitação anterior e aceitas as mesmas condições oferecidas pelo licitante vencedor, inclusive quanto ao preço, devidamente corrigido;

XII – nas compras de hortifrutigranjeiros, pão e outros gêneros perecíveis, no tempo necessário para a realização dos processos licitatórios correspondentes, realizadas diretamente com base no preço do dia;

XIII – na contratação de instituição brasileira incumbida regimental ou estatutariamente da pesquisa, do ensino ou do desenvolvimento institucional, ou de instituição dedicada à recuperação social do preso, desde que a contratada detenha inquestionável reputação ético-profissional e não tenha fins lucrativos;

XIV – para a aquisição de bens ou serviços nos termos de acordo internacional específico aprovado pelo Congresso Nacional, quando as condições ofertadas forem manifestamente vantajosas para o Poder Público;

XV – para a aquisição ou restauração de obras de arte e objetos históricos, de autenticidade certificada, desde que compatíveis ou inerentes às finalidades do órgão ou entidade;

XVI – para a impressão dos diários oficiais, de formulários padronizados de uso da Administração e de edições técnicas oficiais, bem como para a prestação de serviços de informática a pessoa jurídica de direito público interno, por órgãos ou entidades que integrem a Administração Pública, criados para esse fim específico;

XVII – para a aquisição de componentes ou peças de origem nacional ou estrangeira, necessários à manutenção de equipamentos durante o período de garantia técnica, junto ao fornecedor original desses equipamentos, quando tal condição de exclusividade for indispensável para a vigência da garantis;

XVIII – nas compras ou contratações de serviços para o abastecimento de navios, embarcações, unidades aéreas ou tropas e seus meios de deslocamento, quando em estada eventual de curta duração em portos, aeroportos ou localidades diferentes de suas sedes, por motivo de movimentação operacional ou de adestramento, quando a exigüidade dos prazos legais puder comprometer a normalidade e os propósitos das operações e desde que seu valor não exceda ao limite previsto na alínea "a" do inciso II do art. 23 desta Lei;

XIX – para as compras de materiais de uso pelas Forças Armadas, com exceção de materiais de uso pessoal e administrativo, quando houver necessidade de manter a padronização requerida pela estrutura de apoio logístico dos meios navais, aéreos e terrestres, mediante parecer de comissão instituída por decreto;

XX – na contratação de associação de portadores de deficiência física, sem fins lucrativos e de comprovada idoneidade, por órgãos ou entidades da Administração Pública, para a prestação de serviços ou fornecimento de mão-de-obra, desde que o preço contratado seja compatível com o praticado no mercado;

XXI – para a aquisição de bens destinados exclusivamente à pesquisa científica e tecnológica com recursos concedidos pela CAPES, FINEP, CNPq ou outras instituições oficiais de fomento a pesquisas credenciadas pelo CNPq para esse fim específico; *(acrescentado pela Lei n. 9.648, de 27 de maio de 1998)*

XXII – na contratação do fornecimento ou suprimento de energia elétrica, com concessionário ou permissionário do serviço público de distribuição ou com produtor independente ou autoprodutor, segundo as normas da legislação específica; *(acrescentado pela Lei n. 9.648, de 27 de maio de 1998)*

XXIII – na contratação realizada por empresas públicas e sociedades de economia mista com suas subsidiárias e controladas, direta ou indiretamente, para a aquisição de bens ou serviços, desde que o preço contratado seja compatível com o praticado no mercado; *(acrescentado pela Lei n. 9.648, de 27 de maio de 1998)*

XXIV – para a celebração de contratos de prestação de serviços com as organizações sociais, qualificadas no âmbito das respectivas esferas de governo, para atividades contempladas no contrato de gestão. *(acrescentado pela Lei n. 9.648, de 27 de maio de 1998)*

Parágrafo único. Os percentuais referidos nos incisos I e II deste artigo serão de 20% (vinte por cento) para compras, obras e serviços contratados por sociedades de economia mista e empresa pública, bem assim por autarquias e fundações qualificadas na forma da lei, como agência executiva. *(acrescentado pela Lei n. 9.648, de 27 de maio de 1998)*

Art. 25. É inexigível a licitação quando houver inviabilidade de competição em especial:

I – para aquisição de materiais, equipamentos, ou gêneros que só possam ser fornecidos por produtor, empresa ou representante comercial exclusivo, vedada a preferência de marca, devendo a comprovação de exclusividade ser feita através de atestado fornecido pelo órgão de registro do comércio do local em que se realizaria a licitação ou a obra ou o serviço, pelo sindicato, federação ou confederação patronal, ou, ainda, pelas entidades equivalentes;

II – para a contratação de serviços técnicos enumerados no art. 13 desta Lei, de natureza singular, com profissionais ou empresas de notória especialização, vedada a inexigibilidade para serviços de publicidade e divulgação;

III – para contratação de profissional de qualquer setor artístico, diretamente ou através de empresário exclusivo, desde que consagrado pela crítica especializada ou pela opinião pública.

§ 1º. Considera-se de notória especialização o profissional ou empresa cujo conceito no campo de sua especialidade, decorrente de desempenho anterior, estudo, experiência, publicações, organização, aparelhamento, equipe técnica, ou de outros requisitos relacionados com suas atividades, permita inferir que seu trabalho é essencial e indiscutivelmente o mais adequado à plena satisfação do objeto do contrato.

§ 2º. Na hipótese desse artigo e em qualquer dos casos de dispensa, se comprovado superfaturamento, respondem solidariamente pelo dano causado à Fazenda Pública o fornecedor ou o prestador de serviços e o agente público responsável, sem prejuízo de outras sanções legais cabíveis.

Art. 26. As dispensas previstas nos §§ 2º e 4º do art. 17 e nos incisos III a XXIV do art. 24, as situações de inexigibilidade referidas no art. 25, necessariamente justificadas, e o retardamento previsto no final do parágrafo único do art. 8º desta Lei deverão ser comunicados dentro de três dias à autoridade superior, para a ratificação e publicação na imprensa oficial, no prazo de cinco dias, como condição para eficácia dos atos. *(redação dada pela Lei n. 9.648, de 27 de maio de 1998)*

Parágrafo único. O processo de dispensa, de inexigibilidade ou de retardamento, previsto nesse artigo, será instruído, no que couber, com os seguintes elementos:

I – caracterização da situação emergencial ou calamitosa que justifique a dispensa, quando for o caso;

II – razão da escolha do fornecedor ou executante;

III – justificativa do preço. ;

IV – documento de aprovação dos projetos de pesquisas aos quais os bens serão alocados. *(acrescentado pela Lei n. 9.648, de 27 de maio de 1998)*

Seção II – Da Habilitação

Art. 27. Para a habilitação nas licitações exigir-se-á dos interessados, exclusivamente, documentação relativa a:

I – habilitação jurídica;

II – qualificação técnica;

III – qualificação econômico-financeira;

IV – regularidade fiscal;

V – cumprimento do disposto no inciso XXXIII do art. 7º da Constituição Federal. *(acrescentado pela Lei n. 9.854, de 27 de outubro de 1999)*

Art. 28. A documentação relativa à habilitação jurídica, conforme o caso, consistirá em:

I – cédula de identidade;

II – registro comercial, no caso de empresa individual;

III – ato constitutivo, estatuto ou contrato social em vigor, devidamente registrado, em se tratando de sociedades comerciais, e, no caso de sociedades por ações, acompanhado de documentos de eleição de seus administradores;

IV – inscrição do ato constitutivo, no caso de sociedades civis, acompanhado de prova de diretoria em exercício;

V – decreto de autorização, em se tratando de empresa ou sociedade estrangeira em funcionamento no País, e ato de registro ou autorização para funcionamento expedido pelo órgão competente, quando a atividade assim o exigir.

Art. 29. A documentação relativa à regularidade fiscal, conforme o caso, consistirá em:

I – prova de inscrição no Cadastro de Pessoas Físicas (CPF) ou no Cadastro Geral de Contribuintes (CGC);

II – prova de inscrição no cadastro de contribuintes estadual ou municipal, se houver, relativo ao domicílio ou sede do licitante, pertinente ao seu ramo de atividade e compatível com o objeto contratual;

III – prova de regularidade para com a Fazenda Federal, Estadual e Municipal do domicílio ou sede do licitante, ou outra equivalente, na forma da lei;

IV – prova de regularidade relativa à Seguridade Social e ao Fundo de Garantia por Tempo de Serviço (FGTS), demonstrando situação regular no cumprimento dos encargos sociais instituídos por lei.

Art. 30. a documentação relativa à documentação técnica limitar-se-á a:

I – registro ou inscrição na entidade profissional competente;

II – comprovação de aptidão para desempenho de atividade pertinente ou compatível em características, quantidades e prazos com o objeto da licitação, e indicação das instalações e do aparelhamento e do pessoal técnico adequados e disponíveis para a realização do objeto da licitação, bem como da qualificação de cada um dos membros da equipe técnica que se responsabilizará pelos trabalhos;

III – comprovação, fornecida pelo órgão licitantes, de que recebeu os documentos, e, quando exigido, de que tomou conhecimento de todas as informações e das condições locais para o comprimento das obrigações objeto das licitações;

IV – prova de atendimento de requisitos previstos em lei especial, quando for o caso.

§ 1º. A comprovação de aptidão referida no inciso II do *caput* deste artigo, no caso das licitações pertinentes a obras e serviços, será feita por atestados fornecidos por pessoas jurídicas de direito público ou privado, devidamente registrados nas entidades profissionais competentes, limitadas as exigências a:

I – capacitação técnico-profissional: comprovação do licitante de possuir em seu quadro permanente, na data prevista para entrega da proposta, profissional de nível superior ou outro devidamente reconhecido pela entidade competente, detentor de atestado de responsabilidade técnica por execução de obra ou serviço de características semelhantes, limitadas estas exclusivamente às parcelas de maior relevância e valor significativo do objeto da licitação, vedadas as exigências de quantidades mínimas ou prazos máximos;

II – (*vetado*):

a) (*vetado*);

b) (*vetado*).

§ 2º. As parcelas de maior relevância técnica e de valor significativo, mencionadas no parágrafo anterior, serão definidas no instrumento convocatório.

§ 3º. Será sempre admitida a comprovação de aptidão através de certidões ou atestados de obras ou serviços similares de complexidade tecnológica e operacional equivalente ou superior.

§ 4º. Nas licitações para fornecimento de bens, a comprovação de aptidão, quando for o caso, será feita através de atestados fornecidos por pessoa jurídica de direito público ou privado.

§ 5º. É vetada a exigência de comprovação de atividade ou de aptidão com limitações de tempo ou de época ou ainda de locais específicos, ou quaisquer outras não previstas nesta Lei, que inibam a participação na licitação.

§ 6º. As exigências mínimas relativas a instalações de canteiros, máquinas, equipamentos e pessoal técnico especializado, considerados essenciais para o comprimento do objeto da licitação, serão atendidas mediante a apresentação de relação explícita e da declaração formal da sua disponibilidade, sob as penas cabíveis, vedadas as exigências de propriedade e de localização prévia.

§ 7º. (*Vetado*):

I – (*vetado*);

II – (*vetado*).

§ 8º. No caso de obras, serviços e compras de grande vulto, de alta complexidade técnica, poderá a Administração exigir dos licitantes a metodologia de execução, cuja avaliação, para efeito da sua aceitação ou não, antecederá sempre à análise dos preços e será efetuada exclusivamente por critérios objetivos.

§ 9º. Entende-se por licitação de alta complexidade técnica aquela que envolva alta especialização, como fator de extrema relevância para garantir a execução do objeto a ser contratado, ou que possa comprometer a continuidade da prestação de serviços públicos essenciais.

§ 10. Os profissionais indicados pelo licitante para fins de comprovação da capacitação técnico-operacional de que trata o inciso I do § 1º deste artigo deverão participar da obra ou serviço objeto da licitação, admitindo-se a substituição por profissionais de experiência equivalente ou superior, desde que aprovada pela Administração.

§ 11. (*Vetado*).

§ 12. (*Vetado*).

Art. 31. A documentação relativa à qualificação econômico-financeira limitar-se-á a:

I – balanço patrimonial e demonstrações contábeis do último exercício social, já exigíveis e apresentados na forma da lei que comprovem a boa situação financeira da empresa, vedada a sua substituição por balancete ou balanços provisórios, podendo ser atualizados por índices oficiais quando encerrados há mais de 3 (três) meses da data de apresentação da proposta;

II – certidão negativa de falência ou concordata expedida pelo distribuidor da sede da pessoa jurídica, ou de execução patrimonial, expedida no domicílio da pessoa física;

III – garantia, nas mesmas modalidades e critérios previstos no *caput* e § 1º do art. 56 desta Lei, limitada a 1% (um por cento) do valor estimado do objeto da contratação.

§ 1º. A exigência de índices limitar-se-á à demonstração da capacidade financeira licitante com vistas aos compromissos que terá que assumir caso lhe seja adjudicado o contrato, vedada a exigência de valores mínimos de faturamento anterior, índices de rentabilidade ou lucratividade.

§ 2º. A Administração, nas compras para entrega futuras e na execução de obras e serviços, poderá estabelecer, no instrumento convocatório da licitação, a exigência de capital mínimo ou de patrimônio líquido mínimo, ou ainda as garantias previstas no § 1º do art. 56 desta Lei, como dado objetivo de comprovação da qualificação econômico-financeira dos licitantes e para efeito de garantia ao adimplemento do contrato a ser ulteriormente celebrado.

§ 3º. O capital mínimo ou o valor do patrimônio líquido a que se refere o parágrafo anterior não poderá exceder a 10% (dez por cento) do valor estimado da contratação, devendo a comprovação ser feita relativamente à data da apresentação da proposta, na forma da lei, admitida a atualização para esta data através de índices oficiais.

§ 4º. Poderá ser exigida, ainda, a relação dos compromissos assumidos pelo licitante que importem diminuição da capacidade operativa ou absorção de disponibilidade financeira, calculada esta em função do patrimônio líquido atualizado e sua capacidade de rotação.

§ 5º. A comprovação da boa situação financeira da empresa será feita de forma objetiva, através do cálculo de índices contábeis previstos no edital e devidamente justificados no processo administrativo da licitação que tenha dado início ao certame licitatório, vedada a exigência de índices e valores não usualmente adotados para a correta avaliação de situação financeira suficiente ao cumprimento das obrigações decorrentes da licitação.

§ 6º. (*Vetado*).

Art. 32. Os documentos necessários à habilitação poderão ser apresentados em original, por qualquer processo de cópia autenticada por cartório competente ou por servidor da Administração, ou publicação em órgão da imprensa oficial.

§ 1º. A documentação de que tratam os arts. 28 a 31 desta Lei poderá ser dispensada, no todo ou em parte, nos casos de convite, concurso, fornecimento de bens para pronta entrega e leilão.

§ 2º. O certificado de registro cadastral a que se refere o § 1º do art. 36, substitui os documentos enumerados nos arts. 28 a 31, quanto às informações disponibilizadas em sistema informatizado de consulta direta indicado no edital, obrigando-se a parte a declarar, sob as penalidades legais, a superveniência de fato impeditivo da habilitação.

§ 3º. A documentação referida neste artigo poderá ser substituída por registro cadastral emitido por órgão ou entidade pública, desde que previsto no edital e o registro tenha sido feito em obediência ao disposto nesta Lei.

§ 4º. As empresas estrangeiras que não funcionem no País, tanto quanto possível, atenderão, nas licitações internacionais, às exigências dos parágrafos anteriores mediante documentos equivalentes, autenticados pelos respectivos consulados e traduzidos por tradutor juramentado, devendo ter representação legal no Brasil com poderes expressos para receber citação e responder administrativa ou judicialmente.

§ 5º. Não se exigirá, para a habilitação de que trata este artigo, prévio recolhimento de taxas ou emolumentos, salvo os referentes a fornecimento do edital, quando solicitado, com os seus elementos constitutivos, limitados ao valor do custo efetivo de reprodução gráfica da documentação fornecida.

§ 6º. O disposto § 4º deste artigo, no § 1º do art. 33 e no § 2º do art. 55 não se aplica às licitações internacionais para a aquisição de bens e serviços cujo pagamento seja feito com o produto de financiamento concedido por organismo financeiro internacional de que o Brasil faça parte, ou por agência estrangeira de cooperação, nem nos casos de contratação com empresa estrangeira, para a compra de equipamentos fabricados e entregues no exterior, desde que para este caso tenha havido prévia autorização do Chefe do Poder Executivo, nem nos casos de aquisição de bens e serviços realizada por unidades administrativas com sede no exterior.

Art. 33. Quando permitida na licitação a participação de empresas em consórcio, observar-se-ão as seguintes normas:

I – comprovação do compromisso público e particular de constituição de consórcio, subscrito pelos consorciados;

II – indicação da empresa responsável pelo consórcio que deverá atender às condições de liderança, obrigatoriamente fixadas no edital;

III – apresentação dos documentos exigidos nos arts. 28 a 31 desta Lei por parte de cada consorciado, admitindo-se, para efeito de qualificação técnica, o somatório dos quantitativos de cada consorciado, e para efeito de qualificação econômico-financeira, o somatório dos valores de cada consorciado, na proporção de sua respectiva participação, podendo a Administração estabelecer, para o consórcio, um acréscimo de 30% (trinta por cento) dos valores exigidos para licitante individual, inexigível este acréscimo para os consórcios compostos, em sua totalidade, por micro e pequenas empresas assim definidas em lei;

IV – impedimento de participação de empresa consorciada, na mesma licitação, através de mais de um consórcio ou isoladamente;

V – responsabilidade solidária dos integrantes pelos atos praticados em consórcio, tanto na fase de licitação quanto na execução do contrato.

§ 1º. No consórcio de empresas brasileiras e estrangeiras a liderança caberá, obrigatoriamente, à empresa brasileira, observado o disposto no inciso II deste artigo.

§ 2º. O licitante vencedor fica obrigado a promover, antes da celebração do contrato, a constituição e o registro do consórcio, nos termos do compromisso referido no inciso I deste artigo.

Seção III – Dos Registros Cadastrais

Art. 34. Para os fins desta Lei, os órgãos e entidades da Administração Pública que realizem freqüentemente licitações manterão registros cadastrais para efeito de habilitação, na forma regulamentar, válidos por, no máximo, 1 (um) ano.

§ 1º. O registro cadastral deverá ser amplamente divulgado e deverá estar permanentemente aberto aos interessados, obrigando-se a unidade por ele responsável a proceder, no mínimo anualmente, através da imprensa oficial e de jornal diário, a chamamento público para a atualização dos registros existentes e para o ingresso de novos interessados.

§ 2º. É facultado às unidades administrativas utilizarem-se de registros cadastrais de outros órgãos ou entidades da Administração Pública.

Art. 35. Ao requerer inscrição no cadastro, ou atualização deste, a qualquer tempo, o interessado fornecerá os elementos necessários à satisfação das exigências do art. 27 desta Lei.

Art. 36. Os inscritos serão classificados por categorias, tendo-se em vista sua especialização, subdivididas em grupos, segundo a qualificação técnica e econômica avaliada pelos elementos constantes da documentação relacionada nos arts. 30 e 31 desta Lei.

§ 1º. Aos inscritos será fornecido certificado, renovável sempre que atualizarem o registro.

§ 2º. A atuação do licitante no cumprimento de obrigações assumidas anotada no respectivo registro cadastral.

Art. 37. A qualquer tempo poderá ser alterado, suspenso ou cancelado o registro do inscrito que deixar de satisfazer as exigências do art. 27 desta Lei, ou as estabelecidas para classificação cadastral.

Seção IV – Do Procedimento e Julgamento

Art. 38. O procedimento da licitação será iniciado com a abertura de processo administrativo, devidamente autuado, protocolado e numerado, contendo a autorização respectiva, a indicação sucinta de seu objeto e do recurso próprio para a despesa, e ao qual serão juntados oportunamente:

I – edital ou convite e respectivos anexos, quando for o caso;

II – comprovante das publicações do edital resumido, na forma do art. 21 desta Lei, ou da entrega do convite;

III – ato de designação da comissão de licitação, do leiloeiro administrativo ou oficial, ou do responsável pelo convite;

IV – original das propostas e dos documentos que as instruírem;

V – atas, relatórios e deliberações da comissão julgadora;

VI – pareceres técnicos ou jurídicos emitidos sobre a licitação, dispensa ou inexigibilidade;

VII – atos de adjudicação do objeto da licitação e da sua homologação;

VIII – recursos eventualmente apresentados pelos licitantes e respectivas manifestações e decisões;

IX – despacho de anulação ou de revogação da licitação, quando for o caso, fundamentado circunstanciadamente;

X – termo de contrato ou instrumento equivalente, conforme o caso;
XI – outros comprovantes de publicações;
XII – demais documentos relativos à licitação.

Parágrafo único. As minutas de editais de licitação, bem como as dos contratos, acordos, convênios ou ajustes devem ser previamente examinadas e aprovadas por assessoria jurídica da Administração.

Art. 39. Sempre que o valor estimado para uma licitação ou para um conjunto de licitações simultâneas ou sucessivas for superior a 100 (cem) vezes o limite previsto no art. 23, inciso I, alínea "c", desta Lei, o processo licitatório será iniciado, obrigatoriamente, com uma audiência pública concedida pela autoridade responsável com antecedência mínima de 15 (quinze) dias úteis da data prevista para a publicação do edital, e divulgada, com a antecedência mínima de 10 (dez) dias úteis de sua realização, pelos mesmos meios previstos para a publicidade da licitação, à qual terão acesso e direito a todas as informações pertinentes e a se manifestar todos os interessados.

Parágrafo único. Para os fins deste artigo, consideram-se licitações simultâneas aquelas com objetos similares e com realização prevista para intervalos não superiores a 30 (trinta) dias, e licitações sucessivas aquelas em que, também com objetos similares, o edital subseqüente tenha uma data anterior a 120 (cento e vinte) dias após o término do contrato resultante da licitação antecedente.

Art. 40. O edital conterá no preâmbulo o número de ordem em série anual, o nome da repartição interessada e de seu setor, a modalidade, o regime de execução e o tipo da licitação, a menção de que será regida por esta Lei, o local, dia e hora para recebimento da documentação e proposta, bem como para início da abertura dos envelopes e indicará, obrigatoriamente, o seguinte:

I – objeto da licitação, em descrição sucinta e clara;

II – prazo e condições para assinatura do contrato ou retirada dos instrumentos, como previsto no art. 64 desta Lei, para execução do contrato e para entrega do objeto da licitação;

III – sanções para o caso de inadimplemento;

IV – local onde poderá ser examinado e adquirido o projeto básico;

V – se há projeto executivo disponível na data da publicação do edital de licitação e o local onde possa ser examinado e adquirido;

VI – condições para participação na licitação, em conformidade com os arts. 27 a 31 desta Lei, e forma de apresentação das propostas;

VII – critério para julgamento, com disposições claras e parâmetros objetivos;

VIII – locais, horários e códigos de acesso dos meios de comunicação a distância em que serão fornecidos elementos, informações e esclarecimentos relativos à licitação e às condições para atendimento das obrigações necessárias ao cumprimento de seu objeto;

IX – condições equivalentes de pagamento entre empresas brasileiras e estrangeiras, no caso de licitações internacionais;

X – o critério de aceitabilidade dos preços unitário e global, conforme o caso, permitida a fixação de preços máximos e vedados a fixação de preços mínimos, critérios estatísticos ou faixas de variação em relação a preços de referência, ressalvado o disposto nos parágrafos 1° e 2° do art. 48;

XI – critério de reajuste, que deverá retratar a variação efetiva do custo de produção, admitida a adoção de índices específicos ou setoriais, desde a data prevista para apresentação da proposta ou do orçamento a que essa proposta se referir, até a data do adimplemento de cada parcela;

XII – (*vetado*);

XIII – limites para pagamento de instalação e mobilização para execução de obras ou serviços que serão obrigatoriamente previstos em separado das demais parcelas, etapas ou tarefas;

XIV – condições de pagamento, prevendo:

a) prazo de pagamento não superior a 30 (trinta) dias, contado a partir da data final do período de adimplemento de cada parcela;

b) cronograma de desembolso máximo por período, em conformidade com a disponibilidade de recursos financeiros;

c) critério de atualização financeira dos valores a serem pagos, desde a data final do período de adimplemento de cada parcela até a data do efetivo pagamento;

d) compensações financeiras e penalizações, por eventuais atrasos, e descontos, por eventuais antecipações de pagamento;

e) exigência de seguros, quando for o caso;

XV – instruções e normas para os recursos previstos nesta Lei;

XVI – condições de recebimento do objeto da licitação;

XVII – outras indicações específicas ou peculiares da licitação.

§ 1º. O original do edital deverá ser datado, rubricado em todas as folhas e assinado pela autoridade que o expedir, permanecendo no processo de licitação, e dele extraindo-se cópias integrais ou resumidas, para sua divulgação e fornecimento aos interessados.

§ 2º. Constituem anexos do edital, dele fazendo parte integrante:

I – o projeto básico e/ou executivo, com todas as suas partes, desenhos, especificações e outros complementos;

II – orçamento estimado em planilhas de quantitativos e preços unitários;

III – a minuta do contrato a ser firmado entre a Administração e o licitante vencedor;

IV – as especificações complementares e as normas de execução pertinentes à licitação.

§ 3º. Para efeito do disposto nesta Lei, considera-se como adimplemento da obrigação contratual a prestação do serviço, a realização da obra, a entrega do bem ou de parcela destes, bem como qualquer outro evento contratual a cuja ocorrência esteja vinculada a emissão de documento de cobrança.

§ 4º. Nas compras para entrega imediata, assim entendidas aquelas com prazo de entrega até 30 (trinta) dias da data prevista para apresentação da proposta, poderão ser dispensados:

I – o disposto no inciso XI deste artigo;

II – a atualização financeira a que se refere a alínea "c" do inciso XIV deste artigo, correspondente ao período compreendido entre as datas do adimplemento e a prevista para o pagamento, desde que não superior a 15 (quinze) dias.

Art. 41. A Administração não pode descumprir as normas e condições do edital, ao qual se acha estritamente vinculada.

§ 1º. Qualquer cidadão é parte legítima para impugnar edital de licitação por irregularidade na aplicação desta Lei, devendo protocolar o pedido até 5 (cinco) dias úteis antes da data fixada para a abertura dos envelopes de habilitação, devendo a Administração julgar e responder à impugnação em até 3 (três) dias úteis, sem prejuízo da faculdade prevista no § 1º do art. 113.

§ 2º. Decairá do direito de impugnar os termos do edital de licitação perante a Administração o licitante que não o fizer até o segundo dia útil que anteceder a abertura dos envelopes de habilitação em concorrência, a abertura dos envelopes com as propostas em convite, tomada de preços ou concurso, ou a realização de leilão, as falhas ou irregularidades que viciariam esse edital, hipótese em que tal comunicação não terá efeito de recurso.

§ 3º. A impugnação feita tempestivamente pelo licitante não o impedirá de participar do processo licitatório até o trânsito em julgado da decisão e ela pertinente.

§ 4º. A inabilitação do licitante importa preclusão do seu direito de participar das fases subseqüentes.

Art. 42. Nas concorrências de âmbito internacional o edital deverá ajustar-se às diretrizes da política monetária e do comércio exterior e atender às exigências dos órgãos competentes.

§ 1º. Quando for permitido ao licitante estrangeiro cotar preço em moeda estrangeira, igualmente o poderá fazer o licitante brasileiro.

§ 2º. O pagamento feito ao licitante brasileiro eventualmente contratado em virtude da licitação de que trata o parágrafo anterior será efetuado em moeda brasileira à taxa de câmbio vigente no dia útil imediatamente anterior à data do efetivo pagamento.

§ 3º. As garantias de pagamento ao licitante brasileiro serão equivalentes àquelas oferecidas ao licitante estrangeiro.

§ 4º. Para fins de julgamento da licitação, as propostas apresentadas por licitantes estrangeiros serão acrescidas dos gravames conseqüentes dos mesmos tributos que oneram exclusivamente os licitantes brasileiros quanto à operação final de venda.

§ 5º. Para a realização de obras, prestação de serviços ou aquisição de bens com recursos provenientes de financiamento ou doação oriundos de agência oficial de cooperação estrangeira ou organismo financeiro multilateral de que o Brasil seja parte, poderão ser admitidas, na respectiva licitação, as condições decorrentes de acordos, protocolos, convenções ou tratados internacionais aprovados pelo Congresso Nacional, bem como as normas e procedimentos daquelas entidades, inclusive quanto ao critério de seleção da proposta mais vantajosa para a Administração, o qual poderá contemplar, além do preço, outros fatores de avaliação, desde que por elas exigidos para a obtenção do financiamento ou da doação, e que também não conflitem com o princípio do julgamento objetivo e sejam objeto de despacho motivado do órgão executor do contrato, despacho esse ratificado pela autoridade imediatamente superior.

§ 6º. As cotações de todos os licitantes serão para entrega no mesmo local de destino.

Art. 43. A licitação será processada e julgada com observância dos seguintes procedimentos:

I – abertura dos envelopes contendo a documentação relativa à habilitação dos concorrentes, e sua apreciação;

II – devolução dos envelopes fechados aos concorrentes inabilitados, contendo as respectivas propostas, desde que não tenha havido recurso ou após sua denegação;

III – abertura dos envelopes contendo as propostas dos concorrentes habilitados, desde que transcorrido o prazo sem interposição de recurso, ou tenha havido desistência expressa, ou após o julgamento dos recursos interpostos;

IV – verificação da conformidade de cada proposta com os requisitos do edital e, conforme o caso, com os preços correntes no mercado ou fixados por órgão oficial competente, ou ainda com os constantes do sistema de registro de preços, os quais deverão ser devidamente registrados na ata de julgamento, promovendo-se a desclassificação das propostas desconformes ou incompatíveis;

V – julgamento e classificação das propostas de acordo com os critérios de avaliação constantes do edital;

VI – deliberação da autoridade competente quanto à homologação e adjudicação do objeto da licitação.

§ 1º. A abertura dos envelopes contendo a documentação para habilitação e as propostas será realizada sempre em ato público previamente designado, do qual se lavrará ata circunstanciada, assinada pelos licitantes presentes e pela comissão.

§ 2º. Todos os documentos e propostas serão rubricados pelos licitantes presentes e pela comissão.

§ 3º. É facultada à comissão ou autoridade superior, em qualquer fase da licitação, a promoção de diligência destinada a esclarecer ou a completar a instrução do processo, vedada a inclusão posterior de documento ou informação que deveria constar originariamente da proposta.

§ 4º. O disposto neste artigo aplica-se à concorrência e, no que couber, ao concurso, ao leilão, à tomada de preços e ao convite.

§ 5º. Ultrapassada a fase de habilitação dos concorrentes (incisos I e II) e abertas as propostas (inciso III), não cabe desclassificá-los por motivo relacionado com a habilitação, salvo em razão de fatos supervenientes ou só conhecidos após o julgamento.

§ 6º. Após a fase de habilitação, não cabe desistência de proposta, salvo por motivo justo decorrente de fato superveniente e aceito pela comissão.

Art. 44. No julgamento das propostas, a comissão levará em consideração os critérios objetivos definidos no edital ou convite, os quais não devem contrariar as normas e princípios estabelecidos por esta Lei.

§ 1º. É vedada a utilização de qualquer elemento, critério ou fator sigiloso, secreto, subjetivo ou reservado que possa ainda que indiretamente elidir o princípio da igualdade entre os licitantes.

§ 2º. Não se considerará qualquer oferta de vantagem não prevista no edital ou no convite, inclusive financiamentos subsidiados ou a fundo perdido, nem preço ou vantagem baseada nas ofertas dos demais licitantes.

§ 3º. Não se admitirá proposta que apresente preços global ou unitários simbólicos, irrisórios ou de valor zero, incompatíveis com os preços dos insumos e salários de mercado, acrescidos dos respectivos encargos, ainda que o ato convocatório da licitação não tenha estabelecido limites mínimos, exceto quando se referirem a materiais e instalações de propriedade do próprio licitante, para os quais ele renuncie à parcela ou à totalidade da remuneração.

§ 4º. O disposto no parágrafo anterior se aplica também às propostas que incluam mão-de-obra estrangeira ou importações de qualquer natureza.

Art. 45. O julgamento das propostas será objetivo, devendo a comissão de licitação ou o responsável pelo convite realizá-lo em conformidade com os tipos de licitação, os critérios previamente estabelecidos no ato convocatório e de acordo com os fatores exclusivamente nele referidos, de maneira a possibilitar sua aferição pelos licitantes e pelos órgãos de controle.

§ 1º. Para os efeitos deste artigo, constituem tipos de licitação, exceto na modalidade concurso:

I – a de menor preço – quando o critério de seleção da proposta mais vantajosa para a Administração determinar que será vencedor o licitante que apresentar a proposta de acordo com as especificações do edital ou convite e ofertar o menor preço;

II – a de melhor técnica;

III – a de técnica e preço;

IV – a de maior lance ou oferta – nos casos de alienação de bens ou concessão de direito real de uso.

§ 2º. No caso de empate entre duas ou mais propostas, e após obedecido o disposto no § 2º do art. 3º desta Lei, a classificação se fará, obrigatoriamente, por sorteio, em ato público, para o qual todos os licitantes serão convocados, vedado qualquer outro processo.

§ 3º. No caso da licitação do tipo "menor preço", entre os licitantes considerados qualificados, a classificação se dará pela ordem crescente dos preços propostos, prevalecendo, no caso de empate, exclusivamente o critério previsto no parágrafo anterior.

§ 4º. Para contratação de bens e serviços de informática, a Administração observará o disposto no art. 3º da Lei n. 8.248, de 23 de outubro de 1991, levando em conta os fatores especificados em seu § 2º e adotando obrigatoriamente o tipo de licitação "técnica e preço", permitido o emprego de outro tipo de licitação nos casos indicados em decreto do Poder Executivo.

§ 5º. É vedada a utilização de outros tipos de licitação não previstos neste artigo.

§ 6º. Na hipótese prevista no art. 23, § 7º, serão selecionadas tantas propostas quantas necessárias até que se atinja a quantidade demandada na licitação.

Art. 46. Os tipos de licitação "melhor técnica" ou "técnica e preço" serão utilizados exclusivamente para serviços de natureza predominantemente intelectual, em especial na elaboração de projetos, cálculos, fiscalização, supervisão e gerenciamento e de engenharia consultiva em geral, e, em particular, para a elaboração de estudos técnicos preliminares e projetos básicos e executivos, ressalvado o disposto no § 4º do artigo anterior.

§ 1º. Nas licitações do tipo "melhor técnica" será adotada o seguinte procedimento claramente explicitado no instrumento convocatório, o qual fixará o preço máximo que a Administração se propõe a pagar:

I – serão abertos os envelopes contendo as propostas técnicas exclusivamente dos licitantes previamente qualificados e feita então a avaliação e classificação destas propostas de acordo com os critérios pertinentes e adequados ao objeto licitado, definidos com clareza e objetividade no instrumento convocatório e que considerem a capacitação e a experiência do proponente, a qualidade técnica da proposta, compreendendo metodologia, organização, tecnologias e recursos materiais a serem utilizados nos trabalhos, e a qualificação das equipes técnicas a serem mobilizadas para a sua execução;

II – uma vez classificadas as propostas técnicas, proceder-se-á à abertura das propostas de preço dos licitantes que tenham atingido a valorização mínima estabelecida no instrumento convocatório e à negociação das condições propostas, com a proponente melhor classificada, com base nos orçamentos detalhados apresentados e respectivos preços unitários e tendo como referência o limite representado pela proposta de menor preço entre os licitantes que obtiveram a valorização mínima;

III – no caso de impasse na negociação anterior, procedimento idêntico será adotado, sucessivamente, com os demais proponentes, pela ordem de classificação, até a consecução de acordo para a contratação;

IV – as propostas de preços serão devolvidas intactas aos licitantes que não forem preliminarmente habilitados ou que não obtiverem a valorização mínima estabelecida para a proposta técnica.

§ 2º. Nas licitações do tipo "técnica e preço" será adotado, adicionalmente ao inciso I do parágrafo anterior, o seguinte procedimento claramente explicitado no instrumento convocatório:

I – serão feitas a avaliação e a valorização das propostas de preços, de acordo com critérios objetivos preestabelecidos no instrumento convocatório;

II – a classificação dos proponentes far-se-á de acordo com a média ponderada das valorizações das propostas técnicas e de preço, de acordo com os pesos preestabelecidos no instrumento convocatório.

§ 3º. Excepcionalmente, os tipos de licitação previstos neste artigo poderão ser adotados, por autorização expressa e mediante justificativa circunstanciada da maior autoridade da Administração promotora constante do ato convocatório, para fornecimento de bens e execução de obras ou prestação de serviços de grande vulto majoritariamente dependentes de tecnologia nitidamente sofisticada e de domínio restrito, atestado por autoridades técnicas de reconhecida qualificação, nos casos em que o objeto pretendido admitir soluções alternativas e variações de execução, com repercussões significativas sobre sua qualidade, produtividade, rendimento e durabilidade concretamente mensuráveis, e estas puderem ser adotadas à livre escolha dos licitantes na conformidade dos critérios objetivamente fixados no ato convocatório.

§ 4º. (Vetado).

Art. 47. Nas licitações a para execução de obras e serviços, quando for adotada a modalidade de execução de empreitada por preço global, a Administração deverá fornecer obrigatoriamente, junto com o edital, todos os elementos e informações necessários para que os licitantes possam elaborar suas propostas de preços com total e completo conhecimento do objeto da licitação.

Art. 48. Serão desclassificadas:

I – as propostas que não atendam às exigências do ato convocatório da licitação;

II – propostas com valor global superior ao limite estabelecido ou com preços manifestamente inexeqüíveis, assim considerados aqueles que não venham a ter demonstrada sua viabilidade através de documentação que comprove que os custos dos insumos são coerentes com os de mercado e os coeficientes de produtividade são compatíveis com a execução do objeto do contrato, condições estas necessariamente especificadas no ato convocatório da licitação.

§ 1º. Para os efeitos do disposto no inciso II deste artigo, consideram-se manifestadamente inexeqüíveis, no caso de licitações de menor preço para obras e serviços de engenharia, as propostas cujos valores sejam inferiores a 70% (setenta por cento) do menor dos seguintes valores:

a) média aritmética dos valores das propostas superiores a 50% (cinqüenta por cento) do valor orçado pela Administração, ou

b) valor orçado pela administração.

§ 2º. Dos licitantes classificados na forma do parágrafo anterior cujo valor global da proposta for inferior a 80% (oitenta por cento) do menor valor a que se referem as alíneas "a" e "b", será exigida, para a assinatura do contrato, prestação de garantia adicional, dentre as modalidades previstas no § 1º do art. 56, igual a diferença entre o valor resultante do parágrafo anterior e o valor da correspondente proposta.

§ 3º. Quando todos os licitantes forem inabilitados ou todas as propostas forem desclassificadas, a Administração poderá fixar aos licitantes o prazo de oito dias úteis para a apresentação de nova documentação ou de outras propostas escoimadas das causas referidas neste artigo, facultada, no caso de convite, a redução deste prazo para três dias úteis. (§§ 1º - 3º acrescentados pela Lei n. 9.648, de 27 de maio de 1998)

Art. 49. A autoridade competente para a aprovação do procedimento somente poderá revogar a licitação por razões de interesse público decorrente de fato superveniente devidamente comprovado, pertinente e suficiente para justificar tal conduta, devendo anulá-la por ilegalidade de ofício ou por provocação de terceiros, mediante parecer escrito e devidamente fundamentado.

§ 1º. A anulação do procedimento licitatório por motivo de ilegalidade não gera obrigação de indenizar, ressalvado o disposto no parágrafo único do art. 59 desta Lei.

§ 2º. A nulidade do procedimento licitatório induz à do contrato, ressalvado o disposto no parágrafo único do art. 59 desta Lei.

§ 3º. No caso de desfazimento do processo licitatório, fica assegurado o contraditório e a ampla defesa.

§ 4º. O disposto neste artigo e seus parágrafos aplica-se aos atos do procedimento de dispensa e de inexigibilidade de licitação.

Art. 50. A Administração não poderá celebrar o contrato com preterição da ordem de classificação das propostas ou com terceiros estranhos ao procedimento licitatório, sob pena de nulidade.

Art. 51. A habilitação preliminar, a inscrição em registro cadastral, a sua alteração ou cancelamento, e as propostas serão processadas e julgadas por comissão permanente ou especial de, no mínimo, 3 (três) membros, sendo pelo menos 2 (dois) deles servidores qualificados pertencentes aos quadros permanentes dos órgãos da Administração responsáveis pela licitação.

§ 1º. No caso de convite, a comissão de licitação, excepcionalmente nas pequenas unidades administrativas e em face da exiguidade de pessoal disponível, poderá ser substituída por servidor formalmente designado pela autoridade competente.

§ 2º. A comissão para julgamento dos pedidos de inscrição em registro cadastral, sua alteração ou cancelamento, será integrada por profissionais legalmente habilitados, no caso de obras, serviços ou aquisição de equipamentos.

§ 3º. Os membros das comissões de licitação responderão solidariamente por todos os atos praticados pela comissão, salvo se posição individual divergente estiver devidamente fundamentada e registrada em ata lavrada na reunião em que tiver sido tomada a decisão.

§ 4º. A investidura dos membros das comissões permanentes não excederá a 1 (um) ano, vedada a recondução da totalidade de seus membros para a mesma comissão no período subseqüente.

§ 5º. No caso de concurso, o julgamento será feito por uma comissão especial integrada por pessoas de reputação ilibada e reconhecido conhecimento da matéria em exame, servidores públicos ou não.

Art. 52. O concurso a que se refere o § 4º do art. 22 desta Lei deve ser precedido de regulamento próprio, a ser obtido pelos interessados no local indicado no edital.

§ 1º. O regulamento deverá indicar:

I – a qualificação exigida dos participantes;

II – as diretrizes e a forma de apresentação do trabalho;

III – as condições de realização do concurso e os prêmios a serem concedidos.

§ 2º. Em se tratando de projeto, o vencedor deverá autorizar a Administração a executá-lo quando julgar conveniente.

Art. 53. O leilão pode ser cometido a leiloeiro oficial ou a servidor designado pela Administração, procedendo-se na forma da legislação pertinente.

§ 1º. Todo bem a ser leiloado será previamente avaliado pela Administração para fixação do preço mínimo de arrematação.

§ 2º. Os bens arrematados serão pagos à vista ou no percentual estabelecido no edital, não inferior a 5% (cinco por cento), e após a assinatura da respectiva ata lavrada no local do leilão, imediatamente entregues ao arrematante, o qual se obrigará ao pagamento do restante no prazo estipulado no edital de convocação, sob pena de perder em favor da Administração o valor já recolhido.

§ 3º. Nos leilões internacionais, o pagamento da parcela à vista poderá ser feito em até 24 (vinte e quatro) horas.

§ 4º. O edital de leilão deve ser amplamente divulgado principalmente no Município em que se realizará.

CAPÍTULO III – DOS CONTRATOS

Seção I – Disposições Preliminares

Art. 54. Os contratos administrativos de que trata esta Lei regulam-se pelas suas cláusulas e pelos preceitos de direito público, aplicando-se-lhes, supletivamente, os princípios da teoria geral dos contratos e as disposições de direito privado.

§ 1º. Os contratos devem estabelecer com clareza e precisão as condições para sua execução, expressas em cláusulas que definam os direitos, obrigações e responsabilidades das partes, em conformidade com os termos da licitação e da proposta a que se vinculam.

§ 2º. Os contratos decorrentes de dispensa ou de inexigibilidade de licitação devem atender aos termos do ato que os autorizou e da respectiva proposta.

Art. 55. São cláusulas necessárias em todo contrato as que estabeleçam:

I – o objeto e seus elementos característicos;

II – o regime de execução ou a forma de fornecimento;

III – o preço e as condições de pagamento, os critérios, data-base e periodicidade do reajustamento de preços, os critérios de atualização monetária entre a data do adimplemento das obrigações e a do efetivo pagamento;

IV – os prazos de início de etapas de execução, de conclusão, de entrega, de observação e de recebimento definitivo, conforme o caso;

V – o crédito pelo qual correrá a despesa, com a indicação da classificação funcional programática e da categoria econômica;

VI – as garantias oferecidas para assegurar sua plena execução, quando exigidas;

VII – os direitos e as responsabilidades das partes, as penalidades cabíveis e os valores das multas;

VIII – os casos de rescisão;

IX – o reconhecimento dos direitos da Administração, em caso de rescisão administrativa prevista no art. 77 desta Lei;

X – as condições de importação, a data e a taxa de câmbio para conversão, quando for o caso;

XI – a vinculação ao edital de licitação ou ao termo que a dispensou ou a inexigiu, ao convite e à proposta do licitante vencedor;

XII – a legislação aplicável à execução do contrato e especialmente aos casos omissos;

XIII – a obrigação do contratado de manter, durante toda a execução do contrato, em compatibilidade com as obrigações por ele assumidas, todas as condições de habilitação e qualificação exigidas na licitação.

§ 1º. (*Vetado*).

§ 2º. Nos contratos celebrados pela Administração Pública com pessoas físicas ou jurídicas, inclusive aquelas domiciliadas no estrangeiro, deverá constar necessariamente cláusula que declare competente o foro da sede da Administração para dirimir qualquer questão contratual, salvo o disposto no § 6º do art. 32 desta Lei.

§ 3º. No ato da liquidação da despesa, os serviços de contabilidade comunicarão, aos órgãos incumbidos da arrecadação e fiscalização de tributos da União, Estado ou Município, as características e os valores pagos, segundo o disposto no art. 63 da Lei n. 4.320, de 17 de março de 1964.

Art. 56. A critério da autoridade competente, em cada caso, e desde que prevista no instrumento convocatório, poderá ser exigida prestação de garantia nas contratações de obras, serviços e compras.

§ 1º. Caberá ao contratado optar por uma das seguintes modalidades de garantia:

I – caução em dinheiro ou títulos da dívida pública;

II – seguro-garantia;

III – fiança bancária.

§ 2º. A garantia a que se refere o *caput* desde artigo não excederá a 5% (cinco por cento) do valor do contrato e terá seu valor atualizado nas mesmas condições daquele, ressalvado o previsto no § 3º deste artigo.

§ 3º. Para obras, serviços e fornecimentos de grande vulto envolvendo alta complexidade técnica e riscos financeiros consideráveis, demonstrados através de parecer tecnicamente aprovado pela autoridade competente, o limite de garantia previsto no parágrafo anterior poderá ser elevado para até 10% (dez por cento) do valor do contrato.

§ 4º. A garantia prestada pelo contratado será liberada ou restituída após a execução do contrato, e, quando em dinheiro, atualizada monetariamente.

§ 5º. Nos casos de contratos que importem na entrega pela Administração, dos quais o contratado ficará depositário, ao valor da garantia deverá ser acrescido o valor desses bens.

Art. 57. A duração dos contratos regidos por esta Lei ficará adstrita à vigência dos respectivos critérios orçamentários, exceto quanto aos relativos:

I – aos projetos cujos produtos estejam contemplados nas metas estabelecidas no Plano Plurianual, os quais poderão ser prorrogados se houver interesse da Administração e desde que isso tenha sido previsto no ato convocatório;

II – à prestação de serviços a serem executados de forma contínua, que poderá ter a sua duração prorrogada por iguais e sucessivos períodos com vistas à obtenção de preços e condições mais vantajosas para a Administração, limitada a 60 (sessenta) meses; *(redação dada pela Lei 9.648, de 27 de maio de 1998)*

III – (*vetado*);

IV – ao aluguel de equipamentos e à utilização de programas de informática, podendo a duração estender-se pelo prazo de até 48 (quarenta e oito) meses após o início da vigência do contrato.

§ 1º. Os prazos de início de etapas de execução, de conclusão e de entrega admitem prorrogação, mantidas as demais cláusulas do contrato e assegurada a manutenção de seu equilíbrio econômico-financeiro, desde que ocorra algum dos seguintes motivos, devidamente autuados em processo:

I – alteração do projeto ou especificações, pela Administração;

II – superveniência de fato excepcional ou imprevisível, estranho à vontade das partes, que altere fundamentalmente as condições de execução do contrato;

III – interrupção da execução do contrato ou diminuição do ritmo de trabalho por ordem e no interesse da Administração;

IV – aumento das quantidades inicialmente previstas no contrato, nos limites permitidos por esta Lei;

V – impedimento de execução do contrato por fato ou ato de terceiro reconhecido pela Administração em documento contemporâneo à sua ocorrência;

VI – omissão ou atraso de providências a cargo da Administração, inclusive quanto aos pagamentos previstos de que resulte, diretamente, impedimento ou retardamento na execução do contrato, sem prejuízo das sanções legais aplicáveis aos responsáveis.

§ 2º. Toda prorrogação de prazo deverá ser justificada por escrito e previamente autorizada pela autoridade competente para celebrar o contrato.

§ 3º. É vedado o contrato com prazo de vigência indeterminado.

§ 4º. Em caráter excepcional, devidamente justificado e mediante autorização da autoridade superior, o prazo de que trata o inciso II do *caput* deste artigo poderá ser prorrogado em até doze meses. *(acrescentado pela Lei 9.648, de 27 de maio de 1998)*

Art. 58. O regime jurídico dos contratos administrativos instituído por esta Lei confere à Administração, em relação a eles, a prerrogativa de:

I – modificá-los, unilateralmente, para melhor adequação às finalidades de interesse público, respeitados os direitos do contratado;

II – rescindi-los, unilateralmente, nos casos especificados no inciso I do art. 79 desta Lei;

III – fiscalizar-lhes a execução;

IV – aplicar sanções motivadas pela inexecução total ou parcial do ajuste;

V – nos casos de serviços essenciais, ocupar provisoriamente bens móveis, imóveis, pessoal e serviços vinculados ao objeto do contrato, na hipótese da necessidade de acautelar apuração administrativa de faltas contratuais pelo contrato, bem como na hipótese de rescisão do contrato administrativo.

§ 1º. As cláusulas econômico-financeiras e monetárias dos contratos administrativos não poderão ser alteradas sem prévia concordância do contratado.

§ 2º. Na hipótese do inciso I deste artigo, as cláusulas econômico-financeiras do contrato deverão ser revistas para que se mantenha o equilíbrio contratual.

Art. 59. A declaração de nulidade do contrato administrativo opera retroativamente impedindo os efeitos jurídicos que ele, ordinariamente, deveria produzir, além de desconstituir os já produzidos.

Parágrafo único. A nulidade não exonera a Administração do dever de indenizar o contratado pelo que este houver executado até a data em que ela for declarada e por outros prejuízos regularmente comprovados, contanto que não lhe seja imputável, promovendo-se a responsabilidade de quem lhe deu causa.

Seção II – Da Formalização dos Contratos

Art. 60. Os contratos e seus aditamentos serão lavrados nas repartições interessadas, as quais manterão arquivo cronológico dos seus autógrafos e registro sistemático do seu extrato, salvo os relativos a direitos reais sobre imóveis, que se formalizam por instrumento lavrado em cartório de notas, de tudo juntando-se cópia no processo que lhe deu origem.

Parágrafo único. É nulo e de nenhum efeito o contrato verbal com a Administração, salvo o de pequenas compras de pronto pagamento, assim entendidas aquelas de valor não superior a 5% (cinco por cento) do limite estabelecido no art. 23, inciso II, alínea "a", desta Lei, feitas em regime de adiantamento.

Art. 61. Todo contrato deve mencionar os nomes das partes e os de seus representantes, a finalidade, o ato que autorizou a sua lavratura, o número do processo da licitação, da dispensa ou da inexigibilidade, a sujeição dos contratantes às normas desta Lei e às cláusulas contratuais.

Parágrafo único. A publicação resumida do instrumento de contrato ou de seus aditamentos na imprensa oficial, que é condição indispensável para sua eficácia, será providenciada pela Administração até o quinto dia útil do mês seguinte ao de sua assinatura, para ocorrer no prazo de 20 (vinte) dias daquela data, qualquer que seja o seu valor, ainda que sem ônus, ressalvado o disposto no art. 26 desta Lei.

Art. 62. O instrumento de contrato é obrigatório nos casos de concorrência e de tomada de preços, bem como nas dispensas e inexigibilidades cujos preços estejam compreendidos nos limites dessas duas modalidades de licitação, e facultativo nos demais em que a Administração puder substituí-lo por outros instrumentos hábeis tais como carta-contrato, nota de empenho de despesa, autorização de compra ou ordem de execução de serviço.

§ 1º. A minuta do futuro contrato integrará sempre o edital ou ato convocatório da licitação.

§ 2º. Em carta-contrato, nota de empenho de despesa, autorização de compra, ordem de execução de serviço ou outros instrumentos hábeis aplica-se, no que couber, o disposto no art. 55 desta Lei.

§ 3º. Aplica-se o disposto nos arts. 55 e 58 a 61 desta Lei, e demais normas gerais, no que couber:

I – aos contratos de seguro, de financiamento, de locação em que o Poder Público seja locatário, e aos demais cujo conteúdo seja regido, predominantemente, por norma de direito privado;

II – aos contratos em que a Administração for parte como usuária de serviço público.

§ 4º. É dispensável o "termo de contrato" e facultada a substituição prevista neste artigo, a critério da Administração e independentemente de seu valor, nos casos de compra com entrega imediata e integral dos bens adquiridos, dos quais não resultem obrigações futuras, inclusive assistência técnica.

Art. 63. É permitido a qualquer licitante o conhecimento dos termos do contrato e do respectivo processo licitatório e, a qualquer interessado, a obtenção de cópia autenticada, mediante o pagamento dos emolumentos devidos.

Art. 64. A Administração convocará regularmente o interessado para assinar o termo do contrato, aceitar ou retirar o instrumento equivalente, dentro do prazo e condições estabelecidos, sob pena de decair o direito à contratação, sem prejuízo das sanções previstas no art. 81 desta Lei.

§ 1º. O prazo de convocação poderá ser prorrogado uma vez, por igual período, quando solicitado pela parte durante o seu transcurso e desde que ocorra motivo justificado aceito pela Administração.

§ 2º. É facultado à Administração, quando o convocado não assinar o termo de contrato ou não aceitar ou retirar o instrumento equivalente no prazo e condições estabelecidos, convocar os licitantes remanescentes, na ordem de classificação, para fazê-lo em igual prazo e nas mesmas condições propostas pelo primeiro classificado, inclusive quanto aos preços atualizados de conformidade com o ato convocatório, ou revogar a licitação independentemente da cominação prevista no art. 81 desta Lei.

§ 3º. Decorridos 60 (sessenta) dias da data da entrega das propostas, sem convocação para a contratação, ficam os licitantes liberados dos compromissos assumidos.

Seção III – Da Alteração dos Contratos

Art. 65. Os contratos regidos por esta Lei poderão ser alterados, com as devidas justificativas, nos seguintes casos:

I – unilateralmente pela Administração:

a) quando houver modificação do projeto ou das especificações, para melhor adequação técnica aos seus objetivos;

b) quando necessária a modificação do valor contratual em decorrência de acréscimo ou diminuição quantitativa de seu objeto, nos limites permitidos por esta Lei;

II – por acordo das partes:

a) quando conveniente a substituição da garantia de execução;

b) quando necessária a modificação do regime de execução da obra ou serviço, bem como do modo de fornecimento, em face de verificação técnica da inaplicabilidade dos termos contratuais originários;

c) quando necessária modificação da forma de pagamento, por imposição de circunstâncias supervenientes, mantido o valor inicial atualizado, vedada a antecipação do pagamento, com relação ao cronograma financeiro fixado, sem a correspondente contraprestação de fornecimento de bens ou execução de obra ou serviço;

d) para restabelecer a relação que as partes pactuaram inicialmente entre os encargos do contratado e a retribuição da Administração para a justa remuneração da obra, serviço ou fornecimento, objetivando a manutenção do equilíbrio econômico-financeiro inicial do contrato, na hipótese de sobrevirem fatos imprevisíveis, ou previsíveis porém de conseqüências incalculáveis, retardadores ou impeditivos da execução do ajustado, ou ainda, em caso de força maior, caso fortuito ou fato do príncipe, configurando álea econômica extraordinária e extracontratual.

§ 1º. O contratado fica obrigado a aceitar, nas mesmas condições contratuais, os acréscimos ou supressões que se fizerem nas obras, serviços ou compras, até 25% (vinte e cinco por cento) do valor inicial atualizado do contrato, e no caso particular de reforma de edifício ou de equipamento até o limite de 50% (cinqüenta por cento) para os seus acréscimos.

§ 2º. Nenhum acréscimo ou supressão poderá exceder os limites estabelecidos no parágrafo anterior, salvo:

I – (Vetado)

II – as supressões resultantes de acordo celebrado entre os contratantes.

§ 3º. Se no contrato não houverem sido contemplados preços unitários para obras ou serviços, esses serão fixados mediante acordo entre as partes, respeitados os limites estabelecidos no § 1º deste artigo.

§ 4º. No caso de supressão de obras, bens ou serviços, se o contratado já houver adquirido os materiais e posto no local dos trabalhos, estes deverão ser pagos pela Administração pelos custos de aquisição regularmente comprovados e monetariamente corrigidos, podendo caber indenização por outros danos eventualmente decorrentes da supressão, desde que regularmente comprovados.

§ 5º. Quaisquer tributos ou encargos legais criados, alterados ou extintos, bem como a superveniência de disposições legais, quando ocorridas após a data da apresentação da proposta, de comprovada repercussão nos preços contratados, implicarão a revisão destes para mais ou para menos, conforme o caso.

§ 6º. Em havendo alteração unilateral do contrato que aumente os encargos do contratado, a Administração deverá restabelecer, por aditamento, o equilíbrio econômico-financeiro inicial.

§ 7º. (*Vetado*).

§ 8º. A variação do valor contratual para fazer face ao reajuste de preços previsto no próprio contrato, as atualizações, compensações ou penalizações financeiras decorrentes das condições de pagamento nele previstas, bem como o empenho de dotações orçamentárias suplementares até o limite do seu valor corrigido, não caracterizam alteração do mesmo, podendo ser registrados por simples apostila, dispensando a celebração de aditamento.

Seção IV – Da Execução dos Contratos

Art. 66. O contrato deverá ser executado fielmente pelas partes, de acordo com as cláusulas avançadas e as normas desta Lei, respondendo cada uma pelas conseqüências de sua inexecução total ou parcial.

Art. 67. A execução do contrato deverá ser acompanhada e fiscalizada por um representante da Administração especialmente designado, permitida a contratação de terceiros para assisti-lo e subsidiá-lo de informações pertinentes a essa atribuição.

§ 1º. O representante da Administração anotará em registro próprio todas as ocorrências relacionadas com a execução do contrato, determinando o que for necessário à regularização das faltas ou defeitos observados.

§ 2º. As decisões e providências que ultrapassarem a competência do representante deverão ser solicitadas a seus superiores em tempo hábil para adoção das medidas convenientes.

Art. 68. O contratado deverá manter preposto, aceito pela Administração, no local da obra ou serviço, para representá-lo na execução do contrato.

Art. 69. O contratado é obrigado a reparar, corrigir, remover, reconstruir ou substituir, às suas expensas, no total ou em parte, o objeto do contrato em que se verificarem vícios, defeitos ou incorreções resultantes da execução ou de materiais empregados.

Art. 70. O contratado é responsável pelos danos causados diretamente à Administração ou a terceiros, decorrentes de sua culpa ou dolo na execução do contrato, não excluindo ou reduzindo essa responsabilidade a fiscalização ou o acompanhamento pelo órgão interessado.

Art. 71. O contratado é responsável pelos encargos trabalhistas, previdenciários, fiscais e comerciais resultantes da execução do contrato.

§ 1º. A inadimplência do contratado com referência aos encargos trabalhistas, fiscais e comerciais não transfere à Administração Pública a responsabilidade por seu pagamento, nem poderá onerar o objeto do contrato ou restringir a regularização e o uso das obras e edificações, inclusive perante o Registro de Imóveis.

§ 2º. A Administração responde solidariamente com o contratado pelos encargos previdenciários resultantes da execução do contrato, nos termos do art. 31 da Lei n. 8.212, de 24 de julho de 1991.

§ 3º. (*Vetado*).

Art. 72. O contratado, na execução do contrato, sem prejuízo das responsabilidades contratuais e legais, poderá subcontratar partes da obra, serviço ou fornecimento, até o limite admitido, em cada caso, pela Administração.

Art. 73. Executado o contrato, o seu objeto será recebido:

I – em se tratando de obras e serviços:

a) provisoriamente, pelo responsável por seu acompanhamento e fiscalização, mediante termo circunstanciado, assinado pelas partes em até 15 (quinze) dias da comunicação escrita do contratado;

b) definitivamente, por servidor ou comissão designada pela autoridade competente, mediante termo circunstanciado, assinado pelas partes, após o decurso do prazo de observação, ou vistoria que comprove a adequação do objeto aos termos contratuais, observado o disposto no art. 69 desta Lei;

II – em se tratando de compras ou de locação de equipamentos:

a) provisoriamente, para efeito de posterior verificação da conformidade do material com a especificação;

b) definitivamente, após a verificação da qualidade e quantidade do material e conseqüente aceitação.

§ 1º. Nos casos de aquisição de equipamentos de grande vulto, o recebimento far-se-á mediante termo circunstanciado e, nos demais, mediante recibo.

§ 2º. O recebimento provisório ou definitivo não exclui a responsabilidade civil pela solidez e segurança da obra ou do serviço, nem ético-profissional pela perfeita execução do contrato, dentro dos limites estabelecidos pela lei ou pelo contrato.

§ 3º. O prazo a que se refere a alínea "b" do inciso I deste artigo não poderá ser superior a 90 (noventa) dias, salvo em casos excepcionais, devidamente justificados e previstos no edital.

§ 4º. Na hipótese de o termo circunstanciado ou a verificação a que se refere este artigo não serem, respectivamente, lavrado ou procedida dentro dos prazos fixados, reputar-se-ão como realizados, desde que comunicados à Administração nos 15 (quinze) dias anteriores à exaustão dos mesmos.

Art. 74. Poderá ser dispensado o recebimento provisório nos seguintes casos:

I – gêneros perecíveis e alimentação preparada;

II – serviços profissionais;

III – obras e serviços de valor até o previsto no art. 23, inciso II, alínea "a", desta Lei, desde que não se componham de aparelhos, equipamentos e instalações sujeitos à verificação de funcionamento e produtividade.

Parágrafo único. Nos casos deste artigo o recebimento será feito mediante recibo.

Art. 75. Salvo disposições em contrário constantes do edital, do convite ou de ato normativo, os ensaios, testes e demais provas exigidos por normas técnicas oficiais para a boa execução do objeto do contrato correm por conta do contratado.

Art. 76. A Administração rejeitará, no todo ou em parte, obra, serviço ou fornecimento executado em desacordo com o contrato.

Seção V – Da Inexecução e da Rescisão dos Contratos

Art. 77. A inexecução total ou parcial do contrato enseja a sua rescisão, com as conseqüências contratuais e as previstas em lei ou regulamento.

Art. 78. Constituem motivo para rescisão do contrato:

I – o não cumprimento de cláusulas contratuais, especificações, projetos ou prazos;

II – o cumprimento irregular de cláusulas contratuais, especificações, projetos e prazos;

III – a lentidão do seu cumprimento, levando a Administração a comprovar a impossibilidade da conclusão da obra, do serviço ou do fornecimento, nos prazos estipulados;

IV – o atraso injustificado no início da obra, serviço ou fornecimento;

V – a paralisação da obra, do serviço ou do fornecimento, sem justa causa e prévia comunicação à Administração;

VI – a subcontratação total ou parcial do seu objeto, a associação do contratado com outrem, a cessão ou transferência, total ou parcial, bem como a fusão, cisão ou incorporação, não admitidas no edital e no contrato;

VII – o desatendimento das determinações regulares da autoridade designada para acompanhar e fiscalizar a execução, assim como as de seus superiores;

VIII – o cometimento reiterado de faltas na sua execução, anotadas na forma do § 1º do art. 67 desta Lei;

IX – a decretação de falência ou a instauração de insolvência civil;

X – a dissolução da sociedade ou o falecimento do contratado;

XI – a alteração social ou a modificação da finalidade ou da estrutura da empresa, que prejudique a execução do contrato;

XII – razões de interesse público, de alta relevância e amplo conhecimento, justificadas e determinadas pela máxima autoridade da esfera administrativa a que está subordinado o contratante e exaradas no processo administrativo a que se refere o contrato;

XIII – a supressão, por parte da Administração, de obras, serviços ou compras, acarretando modificação do valor inicial do contrato além do limite permitido no § 1º do art. 65 desta Lei;

XIV – a suspensão de sua execução, por ordem escrita da Administração, por prazo superior a 120 (cento e vinte) dias, salvo em caso de calamidade pública, grave perturbação da ordem interna ou guerra, ou ainda por repetidas suspensões que totalizem o mesmo prazo, independentemente do pagamento obrigatório de indenizações pelas sucessivas e contratualmente imprevistas desmobilizações e mobilizações e outras previstas, assegurado ao contratado, nesses caos, o direito de optar pela suspensão do cumprimento das obrigações assumidas até que seja normalizada a situação;

XV – o atraso superior a 90 (noventa) dias dos pagamentos devidos pela Administração decorrentes de obras, serviços ou fornecimento, ou parcelas destes, já recebidos ou executados, salvo em caso de calamidade pública, grave perturbação da ordem interna ou guerra, assegurado ao contratado o direito de optar pela suspensão do cumprimento de suas obrigações até que seja normalizada a situação;

XVI – a não liberação, por parte da Administração, de área, local ou objeto para execução de obra, serviço ou fornecimento, nos prazos contratuais, bem como das fontes de materiais naturais especificadas no projeto;

XVII – a ocorrência de caso fortuito ou de força maior, regularmente comprovada, impeditiva da execução do contrato.

Parágrafo único. Os casos de rescisão contratual serão formalmente motivados nos autos do processo, assegurado o contraditório e a ampla defesa.

Art. 79. A rescisão do contrato poderá ser:

I – determinada por ato unilateral e escrito da Administração, nos casos enumerados nos incisos I a XVII do artigo anterior;

II – amigável, por acordo entre as partes, reduzida a termo no processo da licitação, desde que haja conveniência para a Administração;

III – judicial, nos termos da legislação;

IV – (*vetado*).

§ 1º. A rescisão administrativa ou amigável deverá ser precedida de autorização escrita e fundamentada da autoridade competente.

§ 2º. Quando a rescisão ocorrer com base nos incisos XII a XVII do artigo anterior, sem que haja culpa do contratado, será este ressarcido dos prejuízos regularmente comprovados que houver sofrido, tendo ainda direito a:

I – devolução de garantia;

II – pagamentos devidos pela execução do contrato até a data da rescisão;

III – pagamento do custo da desmobilização.

§ 3º. (*Vetado*).

§ 4º. (*Vetado*).

§ 5º. Ocorrendo impedimento, paralisação ou sustação do contrato, o cronograma de execução será prorrogado automaticamente por igual tempo.

Art. 80. A rescisão de que trata o inciso I do artigo anterior acarreta as seguintes conseqüências, sem prejuízo das sanções previstas nesta Lei:

I – assunção imediata do objeto do contrato, no estado e local em que se encontrar, por ato próprio da Administração;

II – ocupação e utilização do local, instalações, equipamentos, material e pessoal empregados na execução do contrato, necessários à sua continuidade, na forma do inciso V do art. 58 desta Lei;

III – execução da garantia contratual, para ressarcimento da Administração, e dos valores das multas e indenizações a ela devidos;

IV – retenção dos créditos decorrentes do contrato até o limite dos prejuízos causados à Administração.

§ 1º. A aplicação das medidas previstas nos incisos I e II deste artigo fica a critério da Administração, que poderá dar continuidade à obra ou ao serviço por execução direta ou indireta.

§ 2º. É permitido à Administração, no caso de concordata do contratado, manter o contrato, podendo assumir o controle de determinadas atividades de serviços essenciais.

§ 3º. Na hipótese do inciso II deste artigo, o ato deverá ser precedido de autorização expressa do Ministro de Estado competente, ou Secretário Estadual ou Municipal, conforme caso.

§ 4º. A rescisão de que trata o inciso IV do artigo anterior permite à Administração, a seu critério, aplicar a medida prevista no inciso I deste artigo.

CAPÍTULO IV – DAS SANÇÕES ADMINISTRATIVAS E DA TUTELA JUDICIAL

Seção I – Das Disposições Gerais

Art. 81. A recusa injustificada do adjudicatário em assinar o contrato, aceitar ou retirar o instrumento equivalente, dentro do prazo estabelecido pela Administração, caracteriza o descumprimento total da obrigação assumida, sujeitando-o às penalidades legalmente estabelecidas.

Parágrafo único. O disposto neste artigo não se aplica aos licitantes convocados nos termos do art. 64, § 2º, desta Lei, que não aceitarem a contratação, nas mesmas condições propostas pelo primeiro adjudicatário, inclusive quanto ao prazo e preço.

Art. 82. Os agentes administrativos que praticarem atos em desacordo com os preceitos desta Lei ou visando a frustrar os objetivos da licitação sujeitam-se às sanções previstas nesta Lei e nos regulamentos próprios, sem prejuízo das responsabilidades civil e criminal que seu ato ensejar.

Art. 83. Os crimes definidos nesta Lei, ainda que simplesmente tentados, sujeitam os seus autores, quando servidores públicos, além das sanções penais, à perda do cargo, emprego, função ou mandato eletivo.

Art. 84. Considera-se servidor público, para os fins desta Lei, aquele que exerce, mesmo que transitoriamente ou sem remuneração, cargo, função ou emprego público.

§ 1º. Equipara-se a servidor público, para os fins desta Lei, quem exerce cargo, emprego ou função em entidades paraestatal, assim consideradas, além das fundações, empresas públicas e sociedades de economia mista, as demais entidades sob controle, direto ou indireto, do Poder Público.

§ 2º. A pena imposta será acrescida da terça parte, quando os autores dos crimes previstos nesta Lei forem ocupantes de cargo em comissão ou de função de confiança em órgão da Administração direta, autarquia, empresa pública, sociedade de economia mista, fundação pública, ou outra entidade controlada direta ou indiretamente pelo Poder Público.

Art. 85. As infrações penais previstas nesta Lei pertinem às licitações e aos contratos celebrados pela União, Estados, Distrito Federal, Municípios, e respectivas autarquias, empresas públicas, sociedades de economia mista, fundações públicas, e quaisquer outras entidades sob seu controle direto ou indireto.

Seção II – Das Sanções Administrativas

Art. 86. O atraso injustificado na execução do contrato sujeitará o contrato à multa de mora, na forma prevista no instrumento convocatório ou no contrato.

§ 1º. A multa a que alude este artigo não impede que a Administração rescinda unilateralmente o contrato e aplique as outras sanções previstas nesta Lei.

§ 2º. A multa, aplicada após regular processo administrativo, será descontada da garantia do respectivo contratado.

§ 3º. Se a multa for de valor superior ao valor da garantia prestada, além da perda desta, responderá o contratado pela sua diferença, a qual será descontada dos pagamentos eventualmente devidos pela Administração ou, ainda, quando for o caso, cobrada judicialmente.

Art. 87. Pela inexecução total ou parcial do contrato a Administração poderá, garantida a prévia defesa, aplicar ao contratado as seguintes sanções:

I – advertência;

II – multa, na forma prevista no instrumento convocatório ou no contrato;

III – suspensão temporária de participação em licitação e impedimento de contratar com a Administração, por prazo não superior a 2 (dois) anos;

IV – declaração de inidoneidade para licitar ou contratar com a Administração Pública enquanto perdurarem os motivos determinantes da punição ou até que seja promovida a reabilitação perante a própria autoridade que aplicou a penalidade, que será concedida sempre que o contratado ressarcir a Administração pelos prejuízos resultantes e após decorrido o prazo da sanção aplicada com base no inciso anterior.

§ 1º. Se a multa aplicada for superior ao valor da garantia prestada, além da perda desta, responderá o contratado pela sua diferença, que será descontada dos pagamentos eventualmente devidos pela Administração ou cobrada judicialmente.

§ 2º. As sanções previstas nos incisos I, III e IV deste artigo poderão ser aplicadas juntamente com a do inciso II, facultada a defesa prévia do interessado, no respectivo processo, no prazo de 5 (cinco) dias úteis.

§ 3º. A sanção estabelecida no inciso IV deste artigo é de competência exclusiva do Ministro de Estado, do Secretário Estadual ou Municipal, conforme o caso, facultada a defesa do interessado no respectivo processo, no prazo de 10 (dez) dias da abertura de vista, podendo a reabilitação ser requerida após 2 (dois) anos de sua aplicação.

Art. 88. As sanções previstas nos incisos III e IV do artigo anterior poderão também ser aplicadas às empresas ou aos profissionais que, em razão dos contratos regidos por esta Lei:

I – tenham sofrido condenação definitiva por praticarem por meios dolosos, fraude fiscal no recolhimento de quaisquer tributos;

II – tenham praticado atos ilícitos visando a frustrar os objetivos da licitação;

III – demonstrem não possuir idoneidade para contratar com a Administração em virtude de atos ilícitos praticados.

Seção III – Dos Crimes e das Penas

Art. 89. Dispensar ou inexigir licitação fora das hipóteses previstas em Lei, ou deixar de observar as formalidades pertinentes à inexigibilidade:

Pena – detenção, de 3 (três) a 5 (cinco) anos, e multa.

Parágrafo único. Na mesma pena incorre aquele que, tendo comprovadamente concorrido para consumação da ilegalidade, beneficiou-se da dispensa ou inexigibilidade ilegal, para celebrar contrato com o Poder Público.

Art. 90. Frustrar ou fraudar, mediante ajuste, combinação ou qualquer outro expediente, o caráter competitivo do procedimento licitatório, com intuito de obter, para si ou para outrem, vantagem decorrente da adjudicação do objeto da licitação:

Pena – detenção, de 2 (dois) a 4 (quatro) anos, e multa.

Art. 91. Patrocinar, direta ou indiretamente, interesse privado perante a Administração, dando causa à instauração de licitação ou à celebração de contrato, cuja invalidação vier a ser decretada pelo Poder Judiciário:

Pena – detenção, de 6 (seis) meses a 2 (dois) anos, e multa.

Art. 92. Admitir, possibilitar ou dar causa a qualquer modificação ou vantagem, inclusive prorrogação contratual, em favor do adjudicatário, durante a execução dos contratos celebrados com o Poder Público, sem autorização em lei, no ato convocatório da licitação ou nos respectivos instrumentos contratuais, ou, ainda, pagar fatura com preterição da ordem cronológica de sua exigibilidade, observado o disposto no art. 121 desta Lei:

Pena – detenção, de 2 (dois) a 4 (quatro) anos, e multa.

Parágrafo único. Incide na mesma pena o contratado que, tendo comprovadamente concorrido para a consumação da ilegalidade, obtém vantagem indevida ou se beneficia, injustamente, das modificações ou prorrogações contratuais.

Art. 93. Impedir, perturbar ou fraudar a realização de qualquer ato de procedimento licitatório:

Pena – detenção, de 6 (seis) meses a 2 (dois) anos, e multa.

Art. 94. Devassar o sigilo de proposta apresentada em procedimento licitatório, ou proporcionar a terceiro o ensejo de devassá-lo:

Pena – detenção, de 2 (dois) a 3 (três) anos, e multa.

Art. 95. Afastar ou procurar afastar licitante, por meio de violência, grave ameaça, fraude ou oferecimento de vantagem de qualquer tipo:

Pena – detenção, de 2 (dois) a 4 (quatro) anos, e multa, além da pena correspondente à violência.

Parágrafo único. Incorre na mesma pena quem se abstém ou desiste de licitar, em razão da vantagem oferecida.

Art. 96. Fraudar, em prejuízo da Fazenda Pública, licitação instaurada para aquisição ou venda de bens ou mercadorias, ou contrato dela decorrente:

I – elevando arbitrariamente os preços;

II – vendendo, como verdadeira ou perfeita, mercadoria falsificada ou deteriorada;

III – entregando uma mercadoria por outra;

IV – alterando substância, qualidade ou quantidade da mercadoria fornecida;

V – tornando, por qualquer modo, injustamente, mais onerosa a proposta ou a execução do contrato:

Pena – detenção, de 3 (três) a 6 (seis) anos, e multa.

Art. 97. Admitir à licitação ou celebrar contrato com empresa ou profissional declarado inidôneo:

Pena – detenção, de 6 (seis) meses a 2 (dois) anos, e multa.

Parágrafo único. Incide na mesma pena aquele que, declarado inidôneo, venha a licitar ou a contratar com a Administração.

Art. 98. Obstar, impedir ou dificultar, injustamente, a inscrição de qualquer interessado nos registros cadastrais ou promover indevidamente a alteração, suspensão ou cancelamento de registro do inscrito:

Pena – detenção, de 6 (seis) meses a 2 (dois) anos, e multa.

Art. 99. A pena de multa cominada nos arts. 89 a 98 desta Lei consiste no pagamento de quantia fixada na sentença e calculada em índices percentuais, cuja base corresponderá ao valor da vantagem efetivamente obtida ou potencialmente auferível pelo agente.

§ 1º. Os índices a que se refere este artigo não poderão ser inferiores a 2% (dois por cento), nem superiores a 5% (cinco por cento) do valor do contrato licitado ou celebrado com dispensa ou inexigibilidade de licitação.

§ 2º. O produto da arrecadação da multa reverterá, conforme o caso, à Fazenda Federal, Distrital, Estadual ou Municipal.

Seção IV – Do Processo e do Procedimento Judicial

Art. 100. Os crimes definidos nesta Lei são de ação penal pública incondicionada, cabendo ao Ministério Público promovê-la.

Art. 101. Qualquer pessoa poderá provocar, para os efeitos desta Lei, a iniciativa do Ministério Público, fornecendo-lhe, por escrito, informações sobre o fato e sua autoria, bem como as circunstâncias em que se deu a ocorrência.

Parágrafo único. Quando a comunicação for verbal, mandará a autoridade reduzi-la a termo, assinado pelo apresentante e por duas testemunhas.

Art. 102. Quando em autos ou documentos de que conhecerem, os magistrados, os membros dos Tribunais ou Conselhos de Contas ou os titulares dos órgãos integrantes do sistema de controle interno de qualquer dos Poderes, verificarem a existência dos crimes definidos nesta Lei remeterão ao Ministério Público as cópias e os documentos necessários ao oferecimento da denúncia.

Art. 103. Será admitida ação penal privada subsidiária da pública, se esta não for ajuizada no prazo legal, aplicando-se, no que couber, o disposto nos arts. 29 e 30 do Código de Processo Penal.

Art. 104. Recebida a denúncia e citado o réu, terá este o prazo de 10 (dez) dias para apresentação de defesa escrita, contado da data do seu interrogatório, podendo juntar documentos, arrolar as testemunhas que tiver, em número não superior a 5 (cinco), e indicar as demais provas que pretenda produzir.

Art. 105. Ouvidas as testemunhas da acusação e da defesa e praticadas as diligências instrutórias deferidas ou ordenadas pelo juiz, abrir-se-á, sucessivamente, o prazo de 5 (cinco) dias a cada parte para alegações finais.

Art. 106. Decorrido esse prazo, e conclusos os autos dentro de 24 (vinte e quatro) horas, terá o juiz 10 (dez) dias para proferir a sentença.

Art. 107. Da sentença cabe apelação, interponível no prazo de 5 (cinco) dias.

Art. 108. No processamento e julgamento das infrações penais definidas nesta Lei, assim como nos recursos e nas execuções que lhes digam respeito, aplicar-se-ão, subsidiariamente, o Código de Processo Penal e a Lei de Execução Penal.

CAPÍTULO V – DOS RECURSOS ADMINISTRATIVOS

Art. 109. Dos atos da Administração decorrentes da aplicação desta Lei cabem:

I – recurso, no prazo de 5 (cinco) dias úteis a contar da intimação do ato ou da lavratura da ata, nos casos de:

a) habilitação ou inabilitação do licitante;

b) julgamento das propostas;

c) anulação ou revogação da licitação;

d) indeferimento do pedido de inscrição em registro cadastral, sua alteração ou cancelamento;

e) rescisão do contrato, a que se refere o inciso I do art. 79 desta Lei;

f) aplicação das penas de advertência, suspensão temporária ou de multa;

II – representação, no prazo de 5 (cinco) dias úteis da intimação da decisão relacionada com o objeto da licitação ou do contrato, de que não caiba recurso hierárquico;

III – pedido de reconsideração de decisão de Ministro de Estado, ou Secretário Estadual ou Municipal, conforme o caso, na hipótese do § 4º do art. 87 desta Lei, no prazo de 10 (dez) dias úteis da intimação do ato.

§ 1º. A intimação dos atos referidos no inciso I, alíneas "a", "b", "c" e "e", deste artigo, excluídos os relativos à advertência e multa de mora, e no inciso III, será feita mediante publicação na imprensa oficial, salvo, para os casos previstos nas alíneas "a" e "b", se presentes os prepostos dos licitantes no ato em que foi adotada a decisão, quando poderá ser feita por comunicação direta aos interessados e lavrada em ata.

§ 2º. O recurso previsto nas alíneas "a" e "b" do inciso I deste artigo terá efeito suspensivo, podendo a autoridade competente, motivadamente e presentes razões de interesse público, atribuir ao recurso interposto eficácia suspensiva aos demais recursos.

§ 3º. Interposto, o recurso será comunicado aos demais licitantes que poderão impugná-lo no prazo de 5 (cinco) dias úteis.

§ 4º. O recurso será dirigido à autoridade superior, por intermédio da que praticou o ato recorrido, a qual poderá reconsiderar sua decisão no prazo de 5 (cinco) dias úteis, ou, nesse mesmo prazo, fazê-lo subir, devidamente informado, devendo, neste caso, a decisão ser proferida dentro do prazo de 5 (cinco) dias úteis, contado do recebimento do recurso, sob pena de responsabilidade.

§ 5º. Nenhum prazo de recurso, representação ou pedido de reconsideração se inicia ou corre sem que os autos do processo estejam com vista franqueada ao interessado.

§ 6º. Em se tratando de licitações efetuadas na modalidade de carta-convite os prazos estabelecidos nos incisos I e II e no § 3º deste artigo serão de 2 (dois) dias úteis.

CAPÍTULO VI – DAS DISPOSIÇÕES FINAIS E TRANSITÓRIAS

Art. 110. Na contagem dos prazos estabelecidos nesta Lei, excluir-se-á o dia do início e incluir-se-á o do vencimento, e considerar-se-ão os dias consecutivos, exceto quando for explicitamente disposto em contrário.

Parágrafo único. Só se iniciam e vencem os prazos referidos neste artigo em dia de expediente no órgão ou na entidade.

Art. 111. A Administração só poderá contratar, pagar, premiar ou receber projeto ou serviço técnico especializado desde que o autor ceda os direitos patrimoniais a ele relativos e a Administração possa utilizá-lo de acordo com o previsto no regulamento de concurso ou no ajuste para sua elaboração.

Parágrafo único. Quando o projeto referir-se a obra imaterial de caráter tecnológico, insuscetível de privilégio a cessão dos direitos incluirá o fornecimento de todos os dados, documentos e elementos de informação pertinentes à tecnologia de concepção, desenvolvimento, fixação em suporte físico de qualquer natureza e aplicação da obra.

Art. 112. Quando o objeto do contrato interessar a mais de uma entidade pública, caberá ao órgão contratante, perante a entidade interessada, responder pela sua boa execução, fiscalização e pagamento.

Parágrafo único. Fica facultado à entidade interessada o acompanhamento da execução do contrato.

Art. 113. O controle das despesas decorrentes dos contratos e demais instrumentos regidos por esta Lei será feito pelo Tribunal de Contas competente, na forma da legislação pertinente, ficando os órgãos interessados da Administração responsáveis pela demonstração da legalidade e regularidade da despesa e execução, nos termos da Constituição e sem prejuízo do sistema de controle interno nela previsto.

§ 1º. Qualquer licitante, contratado ou pessoa física ou jurídica poderá representar ao Tribunal de Contas ou aos órgãos integrantes do sistema de controle interno contra irregularidades na aplicação desta Lei, para os fins do disposto neste artigo.

§ 2º. Os Tribunais de Contas e os órgãos integrantes do sistema de controle interno poderão solicitar para exame, até o dia útil imediatamente anterior à data de recebimento das propostas, cópia do edital de licitação já publicado, obrigando-se os órgãos ou entidades da Administração interessada à adoção de medidas corretivas pertinentes que, em função desse exame, lhes forem determinadas.

Art. 114. O sistema instituído nesta Lei não impede a pré-qualificação de licitantes nas concorrências, a ser procedida sempre que o objeto da licitação recomende análise mais detida da qualificação técnica dos interessados.

§ 1º. A adoção do procedimento de pré-qualificação será feita mediante proposta da autoridade competente, aprovada pela imediatamente superior.

§ 2º. Na pré-qualificação serão observadas as exigências desta Lei relativas à concorrência, à convocação dos interessados, ao procedimento e à análise da documentação.

Art. 115. Os órgãos da Administração poderão expedir normas relativas aos procedimentos operacionais a serem observados na execução das licitações, no âmbito de sua competência, observadas as disposições desta Lei.

Parágrafo único. As normas a que se refere este artigo, após aprovação da autoridade competente, deverão ser publicadas na imprensa oficial.

Art. 116. Aplicam-se as disposições desta Lei, no que couber, aos convênios, acordos, ajustes e outros instrumentos congêneres celebrados por órgãos e entidades da Administração.

§ 1º. A celebração de convênio, acordo ou ajuste pelos órgãos ou entidades da Administração Pública depende de prévia aprovação de competente plano de trabalho proposto pela organização interessada, o qual deverá conter, no mínimo, as seguintes informações:

I – identificação do objeto a ser executado;

II – metas a serem atingidas;

III – etapas ou fases de execução;

IV – plano de aplicação dos recursos financeiros;

V – cronograma de desembolso;

VI – previsão de início e fim da execução do objeto, bem assim da conclusão das etapas ou fases programadas;

VII – se o ajuste compreender obra ou serviço de engenharia, comprovação de que os recursos próprios para complementar a execução do objeto estão devidamente assegurados, salvo se o custo total do empreendimento recair sobre a entidade ou órgão descentralizador.

§ 2º. Assinado o convênio, a entidade ou órgão repassador dará ciência do mesmo à Assembléia Legislativa ou à Câmara Municipal respectiva.

§ 3º. As parcelas do convênio serão liberadas em estrita conformidade com o plano de aplicação aprovado, exceto nos casos a seguir, em que as mesmas ficarão retidas até o saneamento das impropriedades ocorrentes:

I – quando não tiver havido comprovação da boa e regular aplicação da parcela anteriormente recebida, na forma da legislação aplicável, inclusive mediante procedimentos de fiscalização local, realizados periodicamente pela entidade ou órgão descentralizador dos recursos ou pelo órgão competente do sistema de controle interno da Administração Pública;

II – quando verificado desvio de finalidade na aplicação dos recursos, atrasos não justificados no cumprimento das etapas ou fases programadas, práticas atentatórias aos princípios fundamentais de Administração Pública nas contratações e demais atos praticados na execução do convênio, ou o inadimplemento do executor com relação a outras cláusulas conveniais básicas;

III – quando o executor deixar de adotar as medidas saneadoras apontadas pelo partícipe repassador dos recursos ou por integrantes do respectivo sistema de controle interno.

§ 4º. Os saldos de convênio, enquanto não utilizados, serão obrigatoriamente aplicados em cadernetas de poupança de instituição financeira oficial se a previsão de seu uso for igual ou superior a 1 (um) mês, ou em fundo de aplicação financeira de curto prazo ou operação de mercado aberto lastreada em títulos da dívida pública, quando a utilização dos mesmos verificar-se em prazos menores que 1 (um) mês.

§ 5º. As receitas financeiras auferidas na forma do parágrafo anterior serão obrigatoriamente computadas a crédito do convênio e aplicadas, exclusivamente, no objeto de sua finalidade, devendo constar de demonstrativo específico que integrará as prestações de contas do ajuste.

§ 6º. Quando da conclusão, denúncia, rescisão ou extinção do convênio, acordo ou ajuste, os saldos financeiros remanescentes, inclusive os provenientes das receitas obtidas das aplicações financeiras realizadas, serão devolvidos à entidade ou ao órgão repassador dos recursos, no prazo improrrogável de 30 (trinta) dias do evento, sob pena da imediata instauração de tomada de contas especial do responsável, providenciada pela autoridade competente do órgão ou entidade titular dos recursos.

Art. 117. As obras, serviços, compras e alienações realizados pelos órgãos dos Poderes Legislativo e Judiciário e do Tribunal de Contas regem-se pelas normas desta Lei, no que couber, nas três esferas administrativas.

Art. 118. Os Estados, o Distrito Federal, os Municípios e as entidades da Administração indireta deverão adaptar suas normas sobre licitações e contratos ao disposto nesta Lei.

Art. 119. As sociedades de economia mista, empresas e fundações públicas e demais entidades controladas direta ou indiretamente pela União e pelas entidades referidas no artigo anterior editarão regulamentos próprios devidamente publicados, ficando sujeitas às disposições desta Lei.

Parágrafo único. Os regulamentos a que se refere este artigo, no âmbito da Administração Pública, após aprovados pela autoridade de nível superior a que estiverem vinculados os respectivos órgãos, sociedades e entidades, deverão ser publicados na imprensa oficial.

Art. 120. Os valores fixados por esta Lei poderão ser anualmente revistos pelo Poder Executivo Federal, que os fará publicar no *Diário Oficial da União*, observando como limite superior a variação geral dos preços do mercado, no período.

Art. 121. O disposto nesta Lei não se aplica às licitações instauradas e aos contratos assinados anteriormente à sua vigência, ressalvado o disposto no art. 57, nos §§ 1º, 2º e 8º do art. 65, no inciso XV do art. 78, bem assim o disposto no *caput* do art. 5º, com relação ao pagamento das obrigações na ordem cronológica, podendo esta ser observada, no prazo de 90 (noventa) dias contados da vigência desta Lei, separadamente para as obrigações relativas aos contratos regidos por legislação anterior à Lei n. 8.666, de 21 de junho de 1993.

Parágrafo único. Os contratos relativos a imóveis do patrimônio da União continuam a reger-se pelas disposições do Decreto-lei n. 9.760, de 5 de setembro de 1946, com suas alterações, e os relativos a operações de crédito interno ou externo celebrados pela União ou a concessão de garantia do Tesouro Nacional continuam regidos pela legislação pertinente, aplicando-se esta Lei, no que couber.

Art. 122. Nas concessões de linhas aéreas, observar-se-á procedimento licitatório específico, a ser estabelecido no Código Brasileiro de Aeronáutica.

Art. 123. Em suas licitações e contratações administrativas, as repartições sediadas no exterior observarão as peculiaridades locais e os princípios básicos desta Lei, na forma de regulamentação específica.

Art. 124. Aplicam-se às licitações e aos contratos para permissão ou concessão de serviços públicos os dispositivos desta Lei que não conflitem com a legislação específica sobre o assunto.

Parágrafo único. As exigências contidas nos incisos II a IV do § 2º do art. 7º serão dispensadas nas licitações para concessão de serviços com execução prévia de obras em que não foram previstos desembolsos por parte da Administração Pública concedente.

Art. 125. Esta Lei entra em vigor na data de sua publicação.

Art. 126. Revogam-se as disposições em contrário, especialmente os Decretos-leis ns. 2.300, de 21 de novembro de 1986; 2.348, de 24 de julho de 1987; 2.360, de 16 de setembro de 1987; a Lei n. 8.220, de 4 de setembro de 1991; e o art. 83 da Lei n. 5.194, de 24 de dezembro de 1966.

Brasília, 21 de junho de 1993; 172º da Independência e 105º da República

1886

Impresso nas oficinas da
Gráfica Palas Athena